基于行为金融的
A股投资策略研究

Jiyu Xingwei Jinrong de
A gu Touzi Celüe Yanjiu

邹倩　著

西南财经大学出版社
Southwestern University of Finance & Economics Press

中国·成都

图书在版编目(CIP)数据

基于行为金融的 A 股投资策略研究/邹倩著.—成都:西南财经大学出版社,2021.7
ISBN 978-7-5504-4946-6

Ⅰ.①基… Ⅱ.①邹… Ⅲ.①股票投资—研究—中国
Ⅳ.①F832.51

中国版本图书馆 CIP 数据核字(2021)第 127453 号

基于行为金融的 A 股投资策略研究

邹倩 著

责任编辑:刘佳庆
封面设计:张姗姗
责任印制:朱曼丽

出版发行	西南财经大学出版社(四川省成都市光华村街55号)
网　　址	http://cbs.swufe.edu.cn
电子邮件	bookcj@swufe.edu.cn
邮政编码	610074
电　　话	028-87353785
照　　排	四川胜翔数码印务设计有限公司
印　　刷	四川五洲彩印有限责任公司
成品尺寸	148mm×210mm
印　　张	4.375
字　　数	129 千字
版　　次	2021 年 7 月第 1 版
印　　次	2021 年 7 月第 1 次印刷
书　　号	ISBN 978-7-5504-4946-6
定　　价	38.00 元

前言

　　基于新古典经济学的金融学提出了有效市场的假说，尽管该理论对解释金融市场上的投资行为具有积极的促进作用，但其强调投资者始终保持理性的假设，与证券市场上投资者，尤其是散户投资者的实际投资情况存在较大不符，使得该理论难以解释证券市场上的一些非理性投资情绪和行为。在此背景下，行为金融理论应运而生。

　　我国 A 股市场历经 30 多年的发展，尽管规则和制度日趋健全，但一方面投资者盲从投机的非理性行为导致市场行情波动变大，另一方面非理性投资情绪和行为也容易影响投资者决策，造成损失。而行为金融理论从认知、情绪、社会心理等角度出发，能对投资者赌性和短期行为、惜售行为、政策情结、羊群效应等进行合理解释，进而对非理性行为进行修正，从而引导投资者将有限的资金配置于具备优质回报率的优质股，提高收益。基于此，本书对行为金融理论下的 A 股投资策略进行研究，旨在从 A 股投资者的角度出发，通过行为金融指导理性投资行为和投资者情绪，以协助其充分配置资产，准确把握市场风险，在市场效率增长以及金融市场可持续发展的角度上最大限度地保护投资收益。本书拟分为八个部分进行研究：

第一部分，绪论，对 A 股市场下投资者行为背景和行为金融理论的发展背景进行阐释，明确研究目的。

第二部分，对行为金融理论的溯源和发展进行阐释，将行为金融与认知、行为金融与情绪情感、行为金融与社会心理进行关联和分析，为本书奠定理论基础。

第三部分，相对于西方股票市场较为成熟的发展阶段，从投资者群体的散户和机构比例、投资者情绪和投资者行为三个方面分析我国 A 股市场中投资者的不理性投资行为，为行为金融理论的解释和应用找到契合点。

第四部分，针对前文中 A 股投资者在投资情绪、投资行为等方面存在的赌性和短期行为、惜售行为、政策情结、羊群效应和过度交易等非理性作为，结合行为金融理论对认知、情绪、社会心理等方面的影响，对非理性投资行为进行解释。

第五部分，针对 A 股投资者普遍存在的行为偏差，以行为金融为理论，对不同情绪和形势下的几种重要投资策略进行探究，具体包括反向投资策略、动量投资策略、成本平均策略、小盘股投资策略。

第六部分，为了让投资情绪、投资行为和投资收益之间的关系更加清晰，采用实证分析的方法，通过选择样本股票构建向量自回归模型，并对模型中的自变量和因变量进行稳定性检验、Johansen 协整检验和 Granger 因果检验，对影响变量进行脉冲响应分析和方差分析，以便确立投资者情绪和投资者行为对投资收益的影响关系，从而验证行为金融理论下修正投资者非理性情绪和行为对投资收益的影响。

第七部分，在实证分析基础上，对向量自回归模型中的调节变量，即上市公司的财务基本面分析技巧进行探析，并结合实证分析结果修正投资者非理性情绪和非理性投资行为，从短期和中长期投资的时段对投资策略提出建议。

第八部分，结束语，综合全书的研究，除了对行为金融理论在 A 股投资中的意义进行了论证，也对当下股市行情进行展望，更从生活和哲学的视角对投资者提出了在2021 年这个特殊年份里的投资建议。

在完成了全书的研究后，回顾我国的证券发展历史可以看出，跟发达国家相比，国内股票市场发展历程仍然较短，市场中还是普遍存在投机现象，尤其是小散户非理性行为甚至占据主流。而从第六章 VAR 模型的实证分析结果中可见，投资者情绪和投资者行为对投资收益存在长期稳定的影响。在对持股比率的解释程度中，投资者情绪保持在 3%~11%；投资者行为则稳定保持在 5%~8%。在对投资收益的解释程度中，投资者情绪保持在 8%~15%；投资者行为则稳定保持在 2%~3%。基于此，为了更好地促进投资者理性投资，保证投资收益，也促进我国 A 股市场的稳健发展，以行为金融理论为指导对投资者行为展开全面的研究，同时制定应对措施在投资活动中实现有效的引导很有必要，这也是行为金融的研究重点。从金融市场发展来看，行为金融理论已经显现出关键的作用，对市场稳定发挥了十分重要的影响，这点是很值得我们关注的！

邹 倩

2021 年 2 月

目录

第一章 绪论

第一节 研究背景

　　基于新古典经济学的金融学提出了理性人以及有效市场的前提。理性人假设强调投资者始终保持理性，在投资决策当中预期目标在于投资效益最优化，同时能够在市场信息上展开一定的整合与处理，由此精准地评估市场或标的价格。即便在理论上来看，传统金融学可以奠定市场有效性的前提，不过就真实资本市场里普遍具备的金融异象而言，传统金融学难以出具更为精确的解释。行为金融理论出现以及发展后，在市场中的异象得到了全新的解释。行为金融的研究思维偏于特殊的逆向逻辑①。在传统金融学当中，研究的关键问题在于人们怎样制定科学的决策，强调的是市场当中的内在逻辑，且更为关注理性观。而行为金融学表明，市场内进行交易行为的投资者无法全部处在理性状态，或理解为投资者仅处于部分理性状态，其具备的认知或者情绪偏差将导致投资

---

　　① 王硕一. 行为金融视角下的证券投资分析 [J]. 金融实视线，2019（4）：47-48.

主体在研究市场波动趋势的过程中，难以实现理性预期，其产生的投资决策并未达到效用的最优化，从中出现的非理性决策会进一步引发市场的非有效性，最终使得市场内资产的定价跟内在价值出现显著的偏差①。从行为金融学当中，针对传统金融提出的理性人假设进行了修正，重点研究股票市场当中的交易活动展示出的各类偏差，由此反映出投资者情绪或者行为偏离对于研究股票市场效益时发挥的显著作用，进一步明确市场内的股价虽然跟基本价值具有密不可分的联系，但也会受投资者情绪和交易活动出现变化。

A 股市场属于全球股票市值排名第二的交易市场，该市场的运作受到大量的境外投资者瞩目。然而当前国内股市的投资主体跟发达国家股市的投资主体还存在一定的差异，国内股市基本以个人投资者为主，而个人投资者的比例较大又导致市场波动变强。尽管国内证券市场由于长达 30 年的发展，取得了一定的进步，不过市场的显著波动持续存在，传统经济学提到的理论难以诠释目前的现象，所以行为金融理论的应用更为关键，分析行为金融学在股市的作用，可以协助投资者更有效地应对人性弱点，进一步防范相关股票投机的困境，把有限的资金配置于具备优质回报率的蓝筹股里。基于此，本书对行为金融理论下的 A 股投资策略进行研究，希望能对投资者在进行投资决策时提供参考。

---

① 刘士宝. 基于行为金融的证券投资分析 [J]. 现代商业，2018（20）：36-38.

第二节　研究方法

一、文献研究法

笔者通过对现有的关于行为金融理论与股票市场行为的中外研究资料的检索、查阅、整理与分析，对相关的书籍与论文进行了分析研究，为本书的写作提供了重要的理论基础。笔者通过对国内外行为金融理论应用于股票市场行为的研究文献进行大量的检索与比对研究，以把握住目前行为金融理论与研究的理论和学术前沿。文献的检索包括国内文献检索和国外文献检索。

二、实证分析法

为了量化非理性投资情绪和行为在投资收益中的影响，本书构建向量自回归模型，并对模型中的自变量和因变量进行稳定性检验、Johansen 协整检验和 Granger 因果检验，对影响变量进行脉冲响应分析和方差分析，以验证行为金融理论下对投资者非理性情绪和行为的修正对投资收益的影响。

第三节　研究思路

本书研究思路如下：
首先，本书在对行为金融理论的溯源和发展进行阐释的基础上，将行为金融学与认知、行为金融学与情绪情感、行为金融学与社会心理进行关联和分析，奠定理论基础。

其次，本书从投资者群体的散户和机构比例、投资者情绪、投资者行为三个方面分析我国 A 股市场中投资者存在的赌性和短期行为、惜售行为、政策情结、羊群效应和过度交易等非理性作为，结合行为金融理论对认知、情绪、社会心理等方面的影响，对非理性投资行为进行解释。

再次，本书针对 A 股投资者普遍存在的行为偏差，以行为金融为理论，对不同情绪和形势下的几种重要投资策略进行探究，具体包括反向投资策略、动量投资策略、成本平均策略和时间分散策略、小盘股投资策略。

然后，为了让投资情绪、投资行为和投资收益之间的关系更加清晰，第六部分采用实证分析的方法，通过选择样本股票构建向量自回归模型，并对模型中的自变量和因变量进行稳定性检验、Johansen 协整检验和 Granger 因果检验，对影响变量进行脉冲响应分析和方差分析，以便确立投资者情绪和投资者行为对投资收益的影响关系，从而验证行为金融理论下对投资者非理性情绪和行为的修正对投资收益的影响。

最后，本书在实证分析的基础上，对向量自回归模型中的调节变量，即上市公司的财务基本面分析技巧进行探析，并结合实证分析结果修正投资者非理性情绪和非理性投资行为，从短期和中长期投资的时段对投资策略提出建议。

第四节　研究对象

在实证分析部分，为了保证实证结果的严谨性、客观性和准确性，本书剔除了在写作期间被特别处理（ST）的上市公司，剔除了财务资料不全的上市公司，剔除了上市半年以内的公司，以免出现公司刚刚成立，股票价格和成交量波动大的情况，从而影响研究结果。本书根据以上原则最终选取953只股票作为最终的样本数据。

第五节　研究结果

第一，A股市场投资者普遍存在赌性和短期行为、惜售行为、政策情结、羊群效应和过度交易等非理性行为。针对A股投资者普遍存在的上述行为偏差，本书以行为金融为理论，对不同情绪和形势下的几种重要投资策略进行探究，具体包括反向投资策略、动量投资策略、成本平均策略和时间分散策略、小盘股投资策略。

第二，由VAR模型实证结果可见，人们对长期的股市预测往往比短期的预测更准确。行为金融在对持股比率和投资收益方面确实存在长期稳定的持续性影响。在对持股比率的解释程度中，投资者情绪保持在3%~11%；投资者行为则稳定保持在5%~8%。在对投资收益的解释程度中，投资者情绪保持在8%~15%；投资者行为则稳定保持在2%~3%。

第三，在个股选择时，投资者除了保持理性情绪和行为决断之外，还应着重考虑股票的基本面和技术指标，关注换手率、交易量、市盈率财务数据。短期投资可以参考底部买入法、旗形买入法、跌破横盘区间买入法、95%获利筹码买入法等几种技术方法。中长期投资则应该在证券市场基本要素和技术层面加以深入理解，进一步了解市场资金的倾向和未来趋势的核心板块。从操作来看，投资者应运用科学以及多元化的方式来应对市场波动。

第六节　数据来源

第一，上市公司公开披露的财务报告，包括年度报告、中期报告和季度报告。季度报告中要披露公司的基本情况、主要会计数据和财务指标以及证监会规定的其他事项。

第二，数据主要来源于国泰君安数据库、Wind 数据库和 CSMAR 数据库，部分数据来源于 CCER 数据库（如稳健性检验中的超额收益率）。

第三，部分数据的节选来自网络股评软件信息。

第二章　行为金融理论概述

　　股价体现了市场投资者参考股票趋势的历史信息和上市企业跟股价有关的全部可收集信息，将其展开并全方位考察后寻求到的最趋于理性的市场估值。任何跟股价有关信息的披露，均会立即引发投资者关于股价的再次评估，由此产生全新的市场认可价格①。基于此，股价在这一阶段由于信息的改变而随机游走。完全竞争市场当中，投资者难以实现超额回报率。有效市场假说主要参考下列几种基本前提：

　　（1）市场投资者处于理性状态，具备对证券价格的无差别预期，可以合理应对市场当中的新信息，让证券价格逐渐回归到内在价值。

　　（2）市场不存在信息不对称，则投资者不能借助和资产定价相关的信息实现超额收益。

　　（3）市场不存在卖空机制的约束、交易成本为零且可用证券充足。由此说明资产价格若远离价值，将产生大量的市场套利者参与获取超额回报，所以证券价格逐渐会回归正确的估值。

---

　　① 罗伯特·J. 希勒. 非理性繁荣 [M]. 李心丹，陈莹，夏乐，译. 北京：中国人民大学出版社，2004.

不过，市场当中的证券价格不完全是随机游走的。因为证券市场常规投资者行为存在非理性现象，其中有大量难以凭借传统金融学理论进行诠释的问题。在乱象纷呈的金融市场当中，投资者无法置身事外，甚至用"最佳视角"掌握最佳投资契机从中赚取超额利润。如今的市场经济更为完善，金融市场处在高速发展的阶段，证券投资者若想取得超越平均水平的报酬，达到预期收益目标，应该进一步提高对行为金融学理论的理解程度。基于此，本书站在行为金融学的层面上对证券投资的客观意义展开研究。

第一节　何为行为金融

进入 20 世纪 80 年代以后，股票市场出现了一系列与有效市场理论不相符合也无法解释的异常现象。在证券投资学的各种理论和模型中，我们经常假设投资人是理性的，即会根据市场各类信息做出正确判断。但传统的金融理论假定了所有投资者都是理性的，这点与股市交易的实际情况存在很大出入，这也为行为金融的诞生提供了条件。行为金融理论认为，人的行为其实并非一直是理性的。相反，人们常常因为过度自信、贪婪、盲目而做出错误的投资决定。随着金融市场上越来越多"未解之谜"的出现，经典金融学理论关于市场理性的论断受到了质疑①。在此背景下，主要以应用心理学研究分析金融市场的行为金融理论产生了。行为金融理

---

① 董志勇. 行为金融学［M］. 北京：北京大学出版社，2009：77.

论是从微观个体行为以及产生这种行为的心理等动因来解释、研究和预测金融市场的发展。这一研究视角通过分析金融市场主体在市场行为中的偏差和反常，来寻求不同市场主体在不同环境下的经营理念及决策行为特征，力求建立一种能正确反映市场主体实际决策行为和市场运行状况的描述性模型。行为金融是金融学的热门边缘交叉学科，对传统金融理论的创新发展具有重要意义。

行为金融理论将心理学、行为学和社会学等理论融入金融学理论，据以分析金融市场微观主体行为及产生这种行为的更深层次的社会因素、心理因素等动因，以此来研究和预测资本市场的现象与问题，并尝试解释与传统金融理论相矛盾的异常现象的理论。行为金融这一新兴学科通过将心理学研究与金融学研究相结合，使投资者在决策过程中所表现出的行为能够得到很好的解释，同时也能够准确预测投资目标与趋势。

第二节　行为金融理论的起源与发展

行为金融从行为经济学中发展而来，以 20 世纪 80 年代为界限，将行为金融发展历程分为两个部分。

20 世纪 80 年代以前，亚当·斯密提出"经济人"概念，并把"理性"作为经济活动的前提，随后凯恩斯提出"动物精神"（人的非理性行为）用以解释投资周期性（梁立俊，2006）。

最早结合心理学和金融学的是美国学者巴伦（O. K.

Burren）教授。他在 1951 年发表《投资研究中运用实践方法的可能性》，讨论有必要用进行实践的方法来检验理论。1959 年，西蒙提出"有限理性"这一概念，同年，费瑟（Feather）认为以往的决策理论都是期望效用模型的变种。1967 年，巴曼教授（Bauman）发表《科学投资分析：是科学还是幻想?》，批评金融的研究太过夸大了数量模型的作用，指出将金融学和行为科学结合到一起进行研究的重大意义。1969—1972 年，行为金融学处于萌芽发展阶段，巴曼呼吁关注投资者决策行为中非理性行为，并发表《人类判断行为的心理学研究》。此后，利希滕斯坦和斯拉维察发表了《投机决策中投标和选择间的偏好反转》，卡内曼和特韦尔斯基发表了《预测的心理研究》（程昆和潘朝顺，2004）。但在此期间，由于经典金融理论被推崇，地位不可动摇，行为金融学也经历了发展的低谷期。

20 世纪 80 年代以来，行为金融学的发展日益繁荣。1985 年，DeBondt & Thaler 合作发表的《股票市场过度反应了吗?》，被认为是行为金融学复兴的开始（熊昊平和贺实华，2007），经济学家们也将研究重点逐渐转向个体投资者心理与行为。在 21 世纪初期，行为金融学最终被经济学领域接受、认同，取得独立地位。1985 年，丹尼尔·卡内曼和阿莫斯·特韦尔斯基创立的预期理论，主张建立起更加符合现实的行为假设，而不是一味地将研究建立在主观思维之上。卡内曼获得 2002 年诺贝尔经济学奖，就是主流经济学对行为金融理论的最大认可和鼓励，也是行为金融理论上升到主流经济学的重要一步。

第三节　行为金融的核心基础理论

众所周知，行为金融是经典金融理论与心理学研究成果相结合产生的一门新兴学科。以往的研究表明，仅用经典金融学理论无法解释金融市场出现的"未解之谜"，因为经典金融学理论对经济活动的设定前提是"经济理性"。这个假定前提把非理性部分，即人的心理现象过滤掉了，所以经济学家们逐渐重视投资者的心理现象①。本书将从认知、情绪情感、社会心理三个部分阐述行为金融学与心理学之间的联系。

一、行为金融与认知

心理学上的认知是指人们获得、加工和应用信息的过程。在投资过程中所产生的情绪情感和心态大致分为四种：过于自信、避害大于趋利、追求时尚与从众心理、减少后悔与推卸责任（曾康霖，2003）。过于自信是指在决策过程中，投资者的判断力被过分高估，最后成功的概率往往低于把握的概率。避害大于趋利是指在投资决策的过程中，相对于追求利益，投资者更追求的是怎么避免损失或者把损失降到最小，可见投资者对利害的权衡具有不均衡性。人是社会性动物，人与人之间的相互影响可以改变很多事情。在投资领域，不

---

① 刘力. 信念、偏好与行为金融学 [M]. 北京：北京大学出版社，2007：45.

同的偏好影响着不同的选择，追求时尚与从众心理成为金融投资的一个重要影响因素。任何投资决策的失误都避免不了会产生后悔情绪，为了降低后悔情绪产生的概率，投资者们会通过比较各种决策方式从而选取最优方式，对他们而言，哪种决策方式更不容易后悔，哪种决策方式就是好方式①。例如委托别人进行决策、跟随别人进行决策等都可以避免后悔情绪产生以及推卸责任。

在股票市场上，惯用代表性法则的投资者对一系列好消息过度推断，一旦发现现金股利发生变化，马上对股票进行买卖，从而使股票价格与现金股利不相适应。可支配法则指人们根据已有信息来判断事件发生的可能性。锚定与调整法则指人们在没有足够信息的支撑下，只选取一个参照点，经过一系列的调整最终得出结果。这个原则在金融市场上有很多体现，例如股票市场崩盘，其原因可能是股票的真实价值并不明确，唯一可以作为参考的只有过去的价格，不同的初始值具有不同的结果，所以产生崩盘现象。

二、行为金融与情绪情感

情绪情感是人对事物是否符合需要而产生的态度体验。不同的是，情绪是短暂而强烈的反应，情感是持久而稳定的反应。情绪对经济的影响最直接的表现在于情绪对股市的影响。赖凯声（2014）等人曾对此做过具体研究，他们把情绪

---

① 林琛. 基于行为金融视角下的证券投资研究 [J]. 现代经济信息，2018（13）：326.

分为主体情绪和社会情绪两个部分。主体情绪直接影响投资者决策，积极情绪下做出的决定更积极，消极情绪下做出的决定反而更消极，甚至与决策无关的情绪也能影响结果。这种现象表现在股票市场上是影响股票的买入与售出，积极情绪促进股票的买卖。社会情绪间接影响投资者决策。研究发现，社会情绪通过人际关系影响投资者决策，人际互动越多的投资者，越容易投资股票。此外，从众心理和情绪传染也驱使社会情绪对投资者决策产生影响。情绪影响股票的买入与卖出，从而使股票供给与需求产生变化，这种变化最终反映在股票价格上，所以情绪对股票市场也具有一定的预测作用。研究表明，人们存在过度自信、厌恶后悔和损失与模糊性规避等情感特征（骆佳佳，2012）。

过度自信是指在决策过程中，投资者的判断力被过分高估，最后成功的概率往往低于把握的概率[1]。人通常将成功归因于自己，将失败归因于外部环境。过度自信揭示的人性弱点，是人们总对自己买的投资产品情有独钟，过度自信。即使自己做了错误的决定，一时很难修正自己的投资组合，也宁愿继续持有；而一旦开始下跌，又进入不愿抛出从而亏损的陷阱。

行为金融认为亏损厌恶是人们普遍存在的一种情绪。比如说，当我们买进的股票价格下跌时，一般投资人都不愿意认赔出场，而更愿意继续持有这些股票，希望它们返回到成

---

① 韩柳. 从行为金融角度分析股票投资行为 [J]. 时代金融，2018（5）：72-76.

本线之上。而如果手中持有的股票价格上涨时，投资人则较有可能将它抛出①。举例而言，一个投资人手中同时持有亏损30%及获利30%的股票，则他有更多可能将获利30%的股票抛出，而保留亏损30%的股票，即使该亏损股票已不适合该投资人的投资组合。另外，如果我们获利30%的股票下跌了10%，则我们很可能不愿意抛售，而希望它的股价返回到30%获利的水平线上，即将该水平线而不是我们买入时的成本，作为我们的成本考量。而厌恶后悔和损失是指人们在犯错之后感到后悔的痛苦远大于犯错引起的损失带来的痛苦。

模糊性规避是指相对于不确定的东西人们更倾向于选择确定的东西。这些心理特征能够很好地解释投资者的非理性行为，解释金融市场上出现的"未解之谜"②。

三、行为金融与社会心理

人类是社会性动物，是社会活动的主体，人与人之间相互交往、相互影响促使群体产生相近的行为甚至产生从众心理进而抛弃自己的生活习惯，这其中最典型的现象就是羊群效应。在一个群体中，群员之间心理相互影响，行为相互模仿，造成的影响是无法控制的，这种影响主要通过情绪和行为进行传染。此效应能够很好地解释金融危机和金融泡沫的出现，也能解释股市上的抱群心理。羊群效应常常被用来形

---

① 王舒曼. 投资者情绪变动与股市收益率关系的实证研究 [J]. 商丘师范学院学报，2016（2）：112–116.

② 方堃. 基于行为金融视角下的证券投资分析 [J]. 中国论，2016（36）：25–26.

容从众心理①。这种现象即使专业的投资经理人也难以避免。投资人很少有勇气与大众的观点抗衡，与市场做相反的动作，导致大家的看法较一致，因此追涨杀跌，人云亦云。其实，投资经理及研究员也有这样的倾向，与市场做完全相反的动作，需要更大的勇气。

综上，金融市场上并不存在绝对理性的投资者，投资者们也并不是完全按照数理意义上的追求最大利益效用化进行投资决策的，他们追求的更多是主观价值最大化。金融学理论基础主要是前景理论、行为资产组合理论和行为资产定价理论（梁立俊，2006）。前景理论说明在同样条件下，投资者对盈利带来的喜悦感受要小于损失带来的痛苦感受。由谢弗林和斯特曼（2000）提出的行为资产组合理论是一种既可追求利益进行风险投资，又可保障最低生活水平进行无风险投资的资产组合投资行为理论。行为资产定价理论是指结合心理学的研究发现对资产价格进行推导的理论。

---

① 陈聪，赵玉平. 投资者情绪对股票价格影响综述 ［J］. 天津商业大学学报，2016，36（6）：67.

第三章　Ａ股市场投资者
　　　　基本情况及行为特点

　　与西方发达国家完善的股票市场相比，国内股市的发展经验明显不足，即便当前已有一定规模，仍属于有待优化的新兴市场，市场当中的投资者理性程度有限。尤其是我国Ａ股市场受国家政策及导向的影响较大，投资者容易盲从，其投资行为具有明显的非理性特点。

第一节　投资者群体特点

　　国内股市里以个人投资者为主，个人投资者在投资市场规模中占据了较大权重。普遍来看，与个人投资者对比，机构投资者具有更全面的管理能力，在交易行为上的理性程度较强，对投资情绪等非理性要素的抗干扰能力更强。

一、投资者结构

　　从投资者结构来看，跟欧美股市投资的结构差异在于，Ａ股市场中法人或者机构持股的权重更低，而个人投资者的持股权重和美股类似。根据 2019 年第一季度的情况来看，A股流通股总体规模高达 45.39 万亿元，即包括一般法人持股 24.16 万亿元，在总市值当中占据了 53.2%的权重，属于 A股持股体系中最大的组成部分（如图 3-1 所示）。另外，个人投资者总共持有 14.38 万亿元市值，在总市值中占据了 31.6%的权重。境内机构总共持股 5.26 万亿元，仅为总市值的 11.6%。从外资持股来看，以 3.6%的权重持有了 1.62 万亿元，其中包含 QFII 跟 RQFII 总共持有的 0.59 万亿元，而陆股通持有 1.03 万亿元。综合而言，A 股市场结构存在失衡现象，尤其是一般法人跟个人投资者在总市值当中占据了 80%以上的权重。

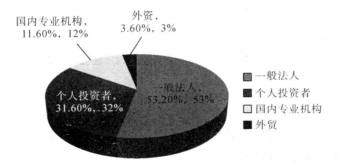

图 3-1　流通口径下 A 股专业机构持股细分情况

数据来源：Wind 资讯。口径上重点运用 A 股里的自由流通股，不包含限售股，同时持股形式是直接持股。

根据图 3-2 所示，直至 2019 年首个季度，公募基金在 A股的总计持股达到 1.95 万亿元，在总市值中占据了 4.3%的权重，是境内专业机构里最大的部分；而保险资金总共持股达到 1.58 万亿元，占据了 3.5%的权重；私募基金、社保基金等总共持股达到 1.71 万亿元，在总市值当中占据 3.8%的权重。具体来看，私募基金总共持股达到 0.62 万亿元，占比为 1.4%；而社保基金总共持股达到 0.58 万亿元，占比为 1.3%；另外，证券机构持股达到 0.09 万亿元，在总市值中仅占 0.2%的比例，信托部门持股达到 0.35 万亿元，占比仅为 0.8%；其余期货、财务机构等总共持股达到 0.06 万亿元，占比仅为 0.1%。

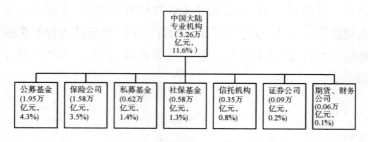

图 3-2　流通口径下 A 股专业机构持股细分情况

数据来源：Wind 资讯。

从年龄结构来看，投资者以年轻人和中年人为主，不足 40 岁的投资者占据了近 50%的比例，超过 40 岁的投资者里，仅有 20%达到 55 岁以上。

文化水平上，国内证券市场投资者整体文化素养偏弱，大量投资者在证券市场缺乏全面的了解，在股票交易中反映出大量的从众行为。

从入市动机来看，国内个人投资者参与股市交易的目的在于利用股票交易差价实现资本利得。这一群体的人数规模明显超过了把股市当成理财途径以及进行长期投资的人群规模。

从证券投资知识来看，国内证券投资者的知识一般出自社会教育。相关投资者均缺乏专业的证券知识教育，通常以亲友圈介绍作为主要的学习途径，或者通过电视栏目来了解股市，极少有投资者委任专业分析师进行投资指导，个人主观意见和判断成了股票交易的重点。专业知识水平不足以及对证券市场理解程度有限的投资者更有可能产生从众行为，且非理性状态居多，对外界因素的抗干扰能力偏弱。

从投资行为来看，国内 A 股市场里的投资者更多为年轻人以及中年人，因此投资者均具备较强的精力和活力，不过其理性的思维能力较弱，所以其投资行为经常表现为短线交易，以及频繁的买卖。就持股规模而言，超过 70% 的个人投资者持股标的低于 10 个，且持有单只股票的周期一般不足 6 个月，过于活跃的短期交易特征明显。在股价产生波动的情况下，假设单只股票涨幅突破 30%，接近 90% 的个人投资者一般会及时卖出。如果股价跌幅在 20% 以上，则超过 80% 的个人投资者会卖出。更常见的是如果股票跌幅过大导致套牢，大量个人投资者都会忽略股票的内在价值而长期持有。

二、中国股市投资者结构演变的主要路径

从客观到流通股口径中，A 股市场一般法人持有的市值比例在 2004 年直至 2009 年逐渐触及 50%，之后一般法人便在国内 A 股市场占据最大比例，基本维持在 A 股总市值的 50%（图 3-3）。所以，产业资本对股市的态度在一定程度上影响了股市波动，尤其是对上市公司盈利信心的降低，会引起减持潮，由此对市场产生打压。

就流通 A 股结构而言，个人投资者的比例有所下滑。

2004—2011 年，个人投资者在总市值当中的权重逐渐下滑到
27%，之后比例有一定反弹，2017 年后稳定在低位，在 30%
附近浮动。这一数据明显低于美股目前的个人投资者占比。
另外，境内专业机构在总市值当中的权重也在下滑，公募基
金占比在 2007—2019 年首个季度的阶段里也持续下滑，逐渐
趋近于 4%。保险资金占比从 2010 年过后在 4% 附近维持稳
定，当前持股占比略低于公募基金，社保和私募基金的综合
占比偏低，一直在 1% 左右的规模。其余境内机构，例如券
商和信托等，综合持股权重在 1%~2%。

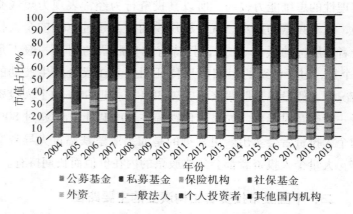

图 3-3　流通口径下 A 股投资者持股市值占比演变

数据来源：Wind 资讯

　　近些年，外资的广泛参与产生了 A 股的增量资本，外资
持股占比从 2016—2019 年逐渐提升到 4%，跟保险资金的占
比相似。2016—2018 年，我国外汇管理部门对关于 QFII 的制
度进行了深入调整，优化了审慎管理、放宽汇出比例的约束、
放宽锁定期规定，一定程度上提高了 QFII 投资的便捷性。由

于 A 股在国际指数当中的影响力不断提高，外资在国内 A 股的占比或将持续提升。

第二节　投资者情绪特点

投资者在投资阶段由于信息要素的作用，使得自身对股票未来的预期出现变化。分析投资者情绪波动对股票报酬率的影响属于学术领域关注的重点。DeLong 第一次把投资者情绪纳入 DSSW 受访者模型研究，了解到投资者情绪可以对资产价格产生影响。当前学术领域重点把投资者情绪展开来量化分析投资者行为。投资者情绪存在的非理性特点从金融异象上具有推波助澜的效果。孟勇等（2019）借助主成分研究法，了解到投资者情绪推动了规模效应的金融异象，认为投资者对于小市值标的更为关注。

当前关于投资者情绪的分析缺乏统一的结论，不过投资者情绪在客观市场的确存在。人属于经济学研究对象之一，人具备一定的情绪，在未知的市场环境里对未来产生的理性期望仍将由于心理和情绪等大量因素出现变化，投资者同样遵循这一原理。尚未有投资者可以完全机械化地根据相关经济理论来研究收益最优化的资产配置，机构投资者同样如此。

从国内股市来看，投资者文化水平存在差异，股市的法律法规变化、机构投资者凭借信息不对称操纵市场等问题让投资者情绪时刻出现变化，使得股市处在非理性震荡之中。另外，违法违规的市场活动让个人投资者蒙受了大量经济损失。许多市民缺乏专业的投资素养，极易受骗，心理稳定性较差，缺乏严谨的投资程序，尚未树立完善的投资理念。大量个人投资者本着投机心态参与股市交易，其操作的基本依据并未参照各种股票的基本面，而主要凭借市场波动跟各种缺乏实际价值的信息来左右自己的交易。在缺乏专业素养的情况下，由于人的本性使然，无论市场处于怎样的发展状态，都易做出从众的交易决策，这也是造成国内股市波动较大的原因之一。

由于市场利好信息的影响，投资者容易情绪高涨，甚至直接忽略利空信息。因为印花税下调、利率调整等宏观金融因素等大量利好信息的发布，市场当中的个人投资者或许将产生良好的市场预期，类似的情绪再由各类媒介传播，让积极的投资情绪逐渐蔓延，在股市当中形成正反馈效应。或者直接表现为羊群效应，大量的投资者一拥而上推高股价，在投资者预期良好的基础上，投机需求迅速提升，反复的刺激让市场的交易更为活跃。如果市场里遍布着各种利空信息，让市场里的部分风险厌恶型投资者卖出股票，且利空信息由于媒介传播不断蔓延，利用正反馈机制，让投资的消极情绪在市场中不断扩散，导致投机性需求进一步降低，逐渐让市场投资者形成恐慌性心理，之后或将产生集体抛售和恐慌的现象，让资本市场更为低迷，资产价格迅速缩水，甚至威胁到实体经济。

所以，投资者情绪和收益始终具有密切的联系，这一类交互影响具有非对称性，一般体现为投资效益作用于投资者情绪。即便投资者情绪在股市收益上缺乏有效的预测功能，股市收益波动仍然将作用于投资者情绪。从各种滞后阶段中，不管机构或者个人投资者，其投资情绪在市场收益上的作用均有一定差异。由于股市收益的作用，和机构投资者情绪对比，个人投资者被股市影响之后，在行为上或许缺乏理性。投资者情绪对股市收益的作用较小，股市收益通常取决于自身影响要素。不过，在滞后期持续延长的情况下，投资者情绪在股市收益上的作用逐渐提高，同时个人投资者情绪发挥的作用比机构投资者更为明显。

第三节　投资者行为特点

通过笔者关于个人投资者的问卷调研数据研究可以了解到，在个人投资者策略上有以下特点：

（1）年龄在投资策略决策中并未体现显著影响，各种年龄阶段的投资者对策略的决策不具有明显差别。

（2）性别在个人投资策略上具有明显影响，回归系数低于0，说明个人投资策略中，男性的投资信心跟风险喜好更显著。

（3）月收入在个人投资策略上具有明显的影响，回归系数低于0，证实个人投资策略当中，月收入跟投资信心成反比，收入能力更强的投资者在选择的策略上更为稳健。

（4）文化水平在个人投资水平的决策上具有显著作用，回归系数大于0，证实从个人投资策略来看，文化水平跟个人投资者的风险喜好成正比。

（5）个人投资者所属行业在投资策略上具有明显作用，回归系数大于0，证实从个人投资策略来看，信息拥有量更低的人冒险性更高。

（6）投资经验在个人投资策略上的作用明显，回归系数>0，证实从个人投资策略来看，投资经验越久的个人投资者冒险性更高。

（7）短期风险承受水平在个人投资策略当中的影响明显，回归系数<0，证实从个人投资策略来看，风险承受水平更高的个人投资者冒险性更高。

基于以上观点，国内 A 股市场投资者从行为来看一般具有以下特点：

（1）有限理性。投资者的素养和水平有限，无法实现最佳预期，仅存在满意方案，在明确风险收益的基础上进行相对满意的决策。传统金融学在理性人论点下认为，理性人能够考量任意决定产生的效用，不过人的认知始终存在局限性，无法从客观生活中寻求到"理性人"。正常人进行的金融活动，其决策一般呈现为非理性（irrational）以及欠佳（suboptimal）的。

（2）过度自信。从心理学以及行为金融学的角度来看，存在一种过度自信的现象。研究证实，投资者通常在自身市场应对能力上建立了高度自信，倾向于本地股的投资决策属于具有代表性的自信行为，股市里的投资者的自促成效应等同样属于过于自信的特征。

（3）规避后悔。后悔主要表示为对某个错误事件觉得后悔，属于典型的负面情绪。后悔在投资中的作用超过了决策本身产生的破坏，导致出现非理性行为试图修复投资行为，或者拖延以及放弃修正错误行为。之后了解到相关投资错误产生了消极的后果，一般由规避心理所导致。

（4）锚定效应。决策环节的投资者容易被第一印象影响，将思维限制在一定层面，在新信息的刺激下缺乏及时有效的反应。锚定效应让投资者容易跟随直觉进行操作，且难以反思自己的错误思维。

（5）思维分隔。主要表示把资金区别成"零风险""风险"两种，对双方予以各自的风险倾向。投资者基于各种思维，在应对资金的过程中出现错误决策。

（6）赌博行为。金融市场里普遍存在风险厌恶的问题，也持续存在赌博、投机等问题。在大起大落的市场情绪里，出现获利机会之后，投资者一般会产生赌博和投机行动，以及非理性的策略。

第四章　行为金融对股票市场投资者心理和行为偏差的解释

　　金融市场里，不管是刚刚接触投资的个人投资者或者成天和投资者沟通的股票经纪人，甚至是专职参与股票研究的金融分析师，任何市场中的主体都期望以最佳的方式来评估市场且展开投资决策来实现超额收益。并且，客观来看，大量的投资者都处在非理性状态，在投资决策环节不可避免地要遭遇认知、情绪或者意识等方面的影响，从而出现各种心理或者行为认知误差。当前，行为金融的研究结论十分多元化，尤其是探索出投资亏损的一般行为特点。

第一节　赌性和短期行为

　　A 股市场并未仅存在行业以及公司发展要素的影响，同样与全球政治、经济等各项要素具有密切联系，价格波动十分巨大。又由于各类金融商品存在的虚拟特征，使得金融商品价格波幅较大。强烈的波动导致高频交易或许将产生超额效益，由此有部分投资者选择了赌博性的投资行为，过于关注短期效益。因为股票投资普遍存在羊群效应，导致市场短期行为存在一定的扩散性，由此使得投资者更容易做出赌博性的投资决策。若投资者探索到市场的机会，将直接忽略风险承受水平，过于高估自身的投资实力，盲目投身于高风险的投机交易。国内股票市场里，短期以及赌博性的投资活动相对显著，下文结合国内股市的实际情况研究国内投资者的短期交易特点。

一、入市动机

国内大量的 A 股投资者参与股市并未出于某些标的企业的内在价值，主要是期望从大起大落的股市当中实现超额利润。深交所研究表明：超过78％的投资者参与市场交易关键因素在于借助股票交易实现资本利得；仅存在11.71％的投资者能够以企业分红收益为目的参与交易，从中赚取企业长期发展产生的投资效益，这在一定程度上体现了投资和投机的区别；38.96％的投资者受到资金限制；22％的投资者全职参与股市交易，这一人群一般将差价作为短期交易的目标。国内的市场以个人投资者为主，更多的个人投资者关注的是短期投资利润。而短线投资人群过多属于国内 A 股市场剧烈波动的关键因素之一，对市场稳定性产生了消极影响。根据投资者入市动机来看，国内 A 股市场的短期交易行为十分显著。

二、新奇题材炒作层出不穷

在市场中进行各类题材的炒作属于投资者实现短期效益的关键方式之一，其导致换手率以及某些股票的市盈率长期处在高位①。市场当中各种行情以及题材屡见不鲜，长期在股市参与炒作的题材主要还包含高送转、次新股、科技股等。在市场不断发展的过程中，更多的新题材层出不穷，而旧题材又转变成全新的模式呈现在市场当中，引发投资者对相关题材持续展开炒作，缔造了一系列所谓的股市"神话"。从大量题材来看，重组题材属于市场里最为稳定的题材，每个交易年度都存在各种重组消息被用于炒作，对于股票推波助澜的效果也十分明显，尤其是 ST 股票，交易理由一般出于投机心理。

第二节　惜售行为

Shefrin & Statman（1985）认为股市里投资者通常在已经出现亏损的股票上具有显著的惜售心理，容易做出继续持有的决策，难以承担损失。投资者对于盈利一般存在风险回避的心态，会通过较早抛售来兑现利润，呈现出处置效应。另外，两位研究者还认为产生处置效应的关键是投资心理，投

---

① 范德胜. 金融发展与经济增长：中国的实证检验 [J]. 南京社会科学，2011（1）：29-35.

资者出于规避真实损失引发的消极情绪来选择持有。若损失兑现，会证实之前进行的投资决策存在错误；投资者急于求成的心理也包含了证明自我的因素，是一种骄傲的负面心态。

卡内曼和特韦尔斯基等觉得投资者担忧后悔的心态影响更大，所以无法执行纠正错误的交易。股票的买入通常是出于期望，而抛售股票则在于放弃原本能够拥有的期望，所以经常无法进行卖出的交易。若投资者选择出售亏损股票，则导致对应投资产生的损失化为现实。同时，借助这一股票实现收益的概率降低到 0，心理上的排斥属于正常现象，并且在售出股票之后，投资者还担忧股票反弹，甚至是逆转之前的趋势扭亏为盈①。对比来看，卖出盈利股票则不存在太大的心理障碍。投资者惜售的行为是市场当中十分常见的现象，不过由于国内股市并不完善，且发展经验较浅，所以这一现象更为显著。

一、投资者目标收益盲目过高

投资者极易高估自身的投资水平，将 A 股市场当成赚取超额收益的关键途径，基于此，或许在股票收益上产生了较高期望，制定的收益目标通常超过了市场平均水平。超高的收益目标通常无法从市场实践中实现，基于此，投资者或许将出现惜售情绪。超额收益目标让投资者做出高风险的投资

---

① ALAIN FRUGIER. Returns, volatility and investor sentiment: Evidence from European stock markets [J]. Research in International Business and Finance, 2016 (4): 25.

决策，深交所研究表明，国内大量个人投资者将目标利润制定在 10%~20%。这一系列投资者里，约 70% 的个人拥有单只股票的周期不足 6 个月，短期特征十分显著，而较短的持股周期难以达到其制定的利润目标。目标与现实出现的落差通常导致投资者在个股存在亏损的状态下，忽略内在价值，容易做出继续持续的决策。

二、卖涨持亏现象明显

卖涨持亏属于股票市场大量投资者的共同特点，不过每个阶段存在差异。从国外来看，投资者出于避税目的通常在年底集中抛售亏损股票，12 月份的卖盈比/卖亏比偏小。国内投资者无须承担资本利得税，税收要素对于投资几乎没有影响，投资者的卖涨持亏现象更明显。在机构投资者当中，则有特殊情况。尤其是从上市公司来看，卖出盈利股票能够提高对应会计年度的利润，卖出亏损股票能够降低利润，对于调整财务报表以及避税均有影响，机构投资者一般会卖涨持亏，特别是年底更为普遍。通常与年底是资金回笼期以及投资者的部分卖涨心态存在相关性。吕岚和李学（2002）的研究纳入了样本机构 9 945 个账户 2015—2019 年的交易信息，并以沪深两市 2015—2019 年的行情信息为研究数据。经过对国内投资者盈亏处理方式的研究发现，国内投资者普遍存在卖涨持亏的现象，卖盈比例明显高于卖亏比例，同时个人投资者的这一现象更为明显。详细的数据如表 4-1 所示。

表 4-1　我国投资者总体卖盈比例与卖亏比例的统计结果

（不同参考价和盈亏处理方式）

处理方式	最近买进价,且不考虑卖出的交易成本	最近清算价,且考虑卖出的交易成本	平均买进价,且不考虑卖出的交易成本	最近清算价,且考虑卖出的交易成本
卖盈比例	0.435 3	0.476 3	0.407 2	0.437 8
卖亏比例	0.195 6	0.173 2	0.190 5	0.176 1
卖盈比例/卖亏比例	2.23	2.75	2.14	2.49

注：数据根据吕岚和李学《我国股市投资者的处置效应》进行分析、整理而得。

三、投资的原则性不强

原则性不强主要指在从事股票投资的过程中，计划目标和实践上呈现出不完全一致的情况，甚至有盲目从众等错误行为，部分投资者在操作过程中缺乏一定的计划。

投资的原则性较弱主要体现为：

（1）投资者即便在购入某个股票前制定了收益波动范围，在收益达到上限或者下限的情况下，执行对应的交易，即止损止盈，但从实践来看，投资者通常无法完全依照计划来执行交易，投资极易呈现出被动的局面，惜售的心态对其造成了严重影响，甚至出现了意料之外的亏损。

（2）投资阶段不制定对应的利润目标，盲目从众。深交所研究表明，投资者在展开投资决策的过程中，超过 50% 的人依据"股评推荐"或者"内幕消息"等缺乏可信度的信息；从投资决策方式而言，20% 以上的个人投资者缺乏有效的决策研究，个人投资者利用报纸以及电视等公开途径收集信息的比例超过78%，反而在上市公司信息上的关注程度有限，处在"一般关心""不太关心"的人数比例依次为44.7%、7.9%。根据上述内容能够了解到，投资决策的盲目性相对明显，或许将产生投资屡次失误的现象。

（3）从持续的投资实践来看，尚未建立个人固有风格以及稳定的决策方式。缺乏经验的投资者很容易产生盲目从众的投资行为，不过就部分已经积累了投资经验的人来看，其长期盲目的原因通常是由于投资的屡次失利。

第三节　政策情结

国内股市受政策的影响十分明显，大量的投资者逐渐产生了政策情结，认为股市的剧烈波动来源于政府干预。义旭东，黄潋然（2020）基于2014—2018年沪市的异常波动现象展开了深入研究，结果证实政策属于引起股价异常波动的核心要素。预计之后的市场发展中，政策将长期作为影响国内A股波动的关键要素，基于此，投资者政策情结属于行为偏差的一种特征。

一、政府宏观政策情结

从1992—2002年以及2015—2017年沪市异常波动情况统计数据可以看出，政策性因素是造成股市异常波动的首要因素，其比例为54.2%，扩容的次数达9次，约占异常波动总数的15.3%，实际上扩容的因素仍应计入政策性因素。另外，消息因素也应适当计入政策性因素，所以政策性因素实际上造成的股市剧烈波动的比例已经高达 80.08%。政府频繁使用政策干预股市已经严重影响到了投资者投资理念的形成，导致投资者在遭受重大投资失误时，往往把原因归咎于政府的宏观政策，而很少人从自身去寻找原因。如深交所的调查显示，大多数投资者在评价投资失误时，往往归咎于外界因素，如归咎于国家政策变化的就高达 67%。而投资者在享受利好政策所带来的收益后，则多归功于自己，从而加重了投资者自信心理，并形成了强烈的对下一个政策利好的预期。

表 4-2 呈现了 2002—2019 年政策对股市的影响。

表 4-2　2002—2019 年影响股市指数涨跌的政策汇总

单位:%

政策类型	政策内容	影响程度
监管政策	涨停板限制/取消涨停板限制	100
	印花税上调/下调	100
	股市扩容/T 止扩容	100
	国有股增持/减持	95
	IPO 停发/重启	91
	限定新股额度	100
	实施/暂停熔断机制	90
	废除 T+0，实行 T+1	100
	股权分置改革	100
	大小非减持/增持	100
	加/去杠杆（场外配资、场内融资、分级基金）	91

表4-2(续)

政策类型	政策内容	影响程度
货币政策	货币超发/紧缩	100
	央行升准/降准	90
	央行加息/减息	90
财政政策	加税减税	90
	四万亿投资和11个产业振兴计划	80
	支持国债交易/暂停国债交易	80
	深化体制改革（二胎政策、健全自然资源产权制度、新型城镇化、土地改革等）	71
其他政策	邓小平南方谈话	60
	人民日报社论	80
	新"国九条"出台	80
	雄安新区规划	80
	"一带一路"倡议	80

分析图4-1可以发现，在2005年6月到2008年11月、2010年11月、2016年3月这三个时期指数涨跌与政策因素走势是呈反向变化的，与其他时期不同。这些异常时间段都在股市的两次大涨大跌附近。这两个时期均受到多种因素影响且影响较深，以至于政府的鼓励政策都已经失效。因此由于其他因素的作用太大造成的波动指数差与政策因素数据出现不真实性，这样的数据并不具有普遍性，所以这部分数据是要作废的，把它们剔除出去之后重新进行分析。

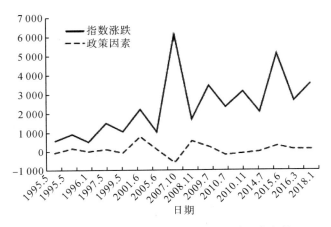

图 4-1　上证指数涨跌与相应时期政策因素走势

根据表 4-2 和图 4-1 的数据可初步看出上证指数涨跌与政策因素走向具有一定关系。进一步采用 SPSS 软件对上述数据进行分析，研究两者之间的关联度大小，分析结果见表 4-3。表 4-3 中，$r = |0.716|$，说明指数涨跌和政策因素之间有较高的相关度。

表 4-3　上证指数涨跌与政策因素相关性检验

类别	指标	指数涨跌	政策因素
指数涨跌	皮尔逊相关性	1	0.716[**]
	显著性（双尾）		0.002
	个案数	16	16
政策因素	皮尔逊相关性	0.716[**]	1
	显著性（双尾）	0.002	
	个案数	16	16

从表 4-3 可见，政策因素的 SPSS 相关性检验的显著性为 0.002，说明线性回归方程显著，上证指数涨跌与政策因素正相关。政策因素与指数涨跌差相关性为 0.716，并且指数涨跌与政策出台的走势大体是吻合的，说明两者之间有较强相关性。国家出台相关经济政策主要是为了调控经济，防止短期内经济大起大落，实现预期的经济稳步增长。部分时候国家也会专门针对股市出台相应的调控政策，如股市极度低迷或者极度亢奋时。以上两类政策均会极大地影响和改变中国股市的中短期趋势。根据我们对中国股票指数与政策影响因素之间的关联度分析，印证了两者之间有较强相关性，说明中国股票中期与短期波动与政策影响的力度、区间波动频度基本稳合。此外，经济政策不确定性指数对股票价格的影响微乎其微，但股票价格变动会增加经济政策不确定性。其原因可能在于：一方面在政策因素频繁出台的时期，投资者可能会更倾向于投资国债和黄金等资产来减少资产受损的风险，类似的种种不确定性会弱化股票市场的传导效应；同时，市场参与主体的投资决策越来越成熟和理性，也能更好地消化处理政策变动所带来的影响。因此，经济政策不确定性指数对股票市场的影响在短期内并不明显。另一方面，股票价格变动会增加经济政策的不确定性程度，这一结果能在一定程度上说明我国目前存在的一种现象，即当股票市场出现投资过热，非理性上涨时，政府部门就会采取一系列的紧缩政策来为股市降温；当股市出现大幅下跌，相关部门就会采取救市政策，维持股市的稳定，缓解其系统性风险。因此，股市动荡会加大政策的不确定性，进而影响政府制定政策的灵活性和自主性。

二、上市公司内部政策情结

上市公司微观政策主要是指上市公司内部重大事件的发生，往往能引起个股股价的剧烈波动，使投资者遭受大幅的损失或者取得收益，导致投资者对上市公司重大事件也形成一定的内部政策情结。这种情结与政府宏观政策的情结相类似，据深交所的调查报告显示，有50.9%的投资者在评价投资失误时，归因于上市公司造假（散布过时或者虚假的消息）。而在利用上市公司重大事件获取收益后则造成投资者更执着于四处打听有关上市公司的内部消息，从而为假消息"满天飞"创造了良好的心理条件。很多庄家就是利用投资者这一政策情结来散布上市公司的各种消息配合其对上市公司股票的炒作，从而达到获取巨额收益的目的。

何佳、合计保、刘胜军（2018）对股市重大事件信息披露于股价异动进行了研究，把重大事件归纳为五类事件：

（1）年报中净利润同比增长大于500%；

（2）年报中净利润同比下降大于50%；

（3）控制权发生转移；

（4）重大投资；

（5）送转合并后比例高于10：5。

其研究显示换手率在重大事件的信息披露前5~10个交易日急速放大，而在公告日后急速下降，并且公告前的日均换手率比公告后高，大部分重大事件前后都有比较丰厚的收益。

第四节　羊群效应

关于羊群行为理论的早期研究可以追溯到凯恩斯（1936）提出的基于群体心理的股市"选美竞争"现象和基于投资者"动物精神"而产生的股市"乐队车效应"。之后，不同学者从不同的角度对羊群行为及其产生的原因进行研究。在对机构投资者羊群行为进行检验的文献中，最经典的是Lakonishok，Shleifer，Thaler（1992）以1985—1989年美国的769家股票基金为研究对象，发现他们在小公司股票交易方面具有"羊群行为"，但大规模公司却无此现象。这主要是因为小公司的公开信息较少，基金在买卖小公司股票时往往比较注意观察其他基金的交易行为。Werners（1999）以1975—1994年美国所有共同基金为研究对象，发现样本基金存在一定的羊群行为，基金共同买入的股票比共同卖出的股票具有较高的同期和滞后收益，即收益差距将延续较长时间。此外，Welech（2000），Oehler（1995），Jaff′e & Mahoney（1998）等也从不同的角度运用各自的方法分析了机构投资者的羊群行为。金融学家用羊群效应来描述金融市场中的非理性行为——投资者趋向于忽略自己有价值的私有信息，而跟从市场中大多数人的决策。具体表现为在某个时期，大量投资者采取相同的投资策略或者对于特定的资产产生相同的偏好。

一、羊群行为的表现

巴菲特用旅鼠的成群自杀来比喻投资者的盲目随大流。旅鼠常年居住在北极，繁殖能力很强，理论上一只母鼠一年可生成千上万只后代。在平常年份，旅鼠只进行少量繁殖，但到了丰年，它们就会大量繁殖，使种群数量急剧增加。一旦旅鼠数量达到一定密度，比如一公顷内有几百只之后，就会发生奇怪的现象：所有旅鼠都变得焦躁不安，开始四处乱窜，并且停止进食。更加不可思议的是，旅鼠会显出强烈的迁徙意识，聚在一起，仿佛开始沿着一定的方向进发，星夜兼程，一路狂奔冲向大海。投资中的旅鼠行为就是"无意识地模仿同类的行为，无论这样的模仿是多么的愚蠢"。美国的一位投资者曾在《华尔街日报》上撰文："机构投资者是群居的动物，我们观察相同的指标，聆听相同的预测，像旅鼠一样，我们往往在同一时间向相同的方向迁徙，这种行为加剧了价格的波动。"

事实上，投资者的选择和动物的选择并无二致。在寒冷的熊市中，持续低迷的行情下，投资者们也会抱团取暖，持有几乎完全相同的防御性股票，希望共同度过寒冬。在熊市中，我们看到大部分投资者都买入了大致相同的防御性股票，而符合这些投资者选择标准的防御性股票又相当有限，因此每只股票都持股有限，加上防御性股票本身的特点，于是在熊市中，相当数量的股票破净值并长期在净值之下徘徊。

羊群效应不仅出现在股市低迷期，而在上涨阶段，投资者同样会盯牢一些大致相同的股票，抱团取利。尽管由于股市整体上涨，投资者抱团同样可以获利，但其业绩总体仍会输于大盘。实际上，与普通投资者相同，孤独同样也会让投资者感到不安。投资那些不被市场普遍看好的，甚至受到其他同行排斥的股票，而投资成败关系到投资者的本金多寡时，更会让投资者感到不安。而投资与同行们类似的股票，即使业绩不佳也情有可原，反正大家都是这样。当机构投资者和个人投资者像旅鼠一样盲目地跟随市场追涨杀跌时，他们忘记了自己和前辈们为这个市场所付出的"血淋淋的代价"。

科学很难解释旅鼠行为。动物学家提出一种假设：环境压力的增加引起旅鼠荷尔蒙的变化，导致行为异常。在市场效率一统天下的情况下，经济学家发现很多难以解释的现象。1987年波及全球的股灾就是典型的现象之一，在没有重大不利的消息下，道琼斯指数一天内下跌了12%，而这一下跌又如多米诺骨牌迅速传遍全球。在香港，一日内恒生指数竟下跌了33%。不久，股灾以股价的全面回升而告终。迄今为止尚未发现与该事件相关的重要信息。投资大师彼得·林奇做过统计，20世纪美国股市共发生过53次10%以上的波动，平均每两年一次。25%以上的下跌共15次，六七年一次。看来，人类的行为与旅鼠相近，也是周而复始的。旅鼠冲进大海前，并不是没有先兆，所以预测暴跌也不是无迹可寻。

1999年初，德国与意大利的两位经济学家发布了股票市场研究报告。他们利用数学模型对股票市场进行分析后认为，股市波动相当程度上与交易者的行为有关，而非像一些经典的经济学理论所认为的主要是由公司业绩、利率变动等因素决定。也就是说，股市波动有较强的非理性特征。在建立数学模型过程中，两位科学家把投资者划分为两类：一类是投资界的激进者，他们主要根据公司收益利率变化等因素来预测市场走向；另一类是"噪音交易者"，他们不是根据股票的价值，而是视其他交易者如何动作而随大流，"噪音交易者"会在市场中产生一种类似人类群居本能的效应，从而吸引更多的后来者加入①。经济学家的研究发现，股市经常会出现的熊市、牛市，大起大落，主要由噪音交易者的行为引起。在股浪里，博傻理论往往能发挥到极致。博傻的原则就是看谁比谁傻，谁比谁没有理性，再不值的垃圾股也敢买，而且是价格越涨越买。只要不接最后一棒便不是"傻"，而是精明地利用了千载难逢的赚钱良机。

二、羊群行为产生的原因分析

1."胜任压力"衍生的羊群行为

市场过分追求短期收益和市场排名，致使投资者更换频繁。曾有调查结果显示，投资者管理 1 只基金的平均时间只有 18 个月，其中管理不到 1 年就被更换的投资者占到更换投资者总数的 35.2%。而美国投资者管理 1 只基金的平均时间为 4.9 年。因此投资者基于名誉风险的考虑，往往会漠视私有信息而产生从众行为，以避免其决策异于其他基金而被认为不胜任。

---

① 金辉. 互联网金融股票投资中的投资者"情绪黏性"［J］. 中国集体经济，2016（21）：88-89.

2. 基金业内部博弈导致推测他人所隐含的信息

投资者在做投资决策时，会尝试去推论他人交易所隐含的信息，互相猜测彼此的交易信息并跟随，于是导致羊群行为。如果投资者采用与众不同的投资行为，那么就要冒更大的风险，因为投资者很有可能没有足够的耐心等待他们的投资策略产生效益就会撤出资金。因此，基金经理特别是近期表现不好的基金经理，会分析推测过去表现较佳的基金所采取的投资策略，并依据该策略来进行投资。

3. 相似的信息来源

研究创造价值，股票分析师的投资建议对投资者投资取向起着至关重要的作用。目前国内知名的研究机构屈指可数，基金管理公司大都是它们的客户。因此不同基金会买卖相同的股票，很大程度上是由于获得相近的投资研究报告，促使决策相似而产生羊群行为。此外机构投资者的信息来源同质性也较个人投资者高，由此导致羊群行为显著①。

第五节　过度交易

所谓过度交易，就是投资者根据个人偏好频繁地进行股票交易的行为现象。实证研究表明，频繁的交易会降低投资回报率。1998 年 Odean 通过对 78 000 个证券账户的交易历史

---

① 文凤华，杨鑫，龚旭，等. 金融危机背景下中美投资者情绪的传染性分析 [J]. 系统工程理论与实践，2015，35（3）：623-629.

记录进行实证分析，得出大多数交易活跃的共同基金的回报率都要低于市场回报率。进行频繁的交易并没有给基金带来超额的回报，相反减少了回报。过度交易是普遍存在的现象，无论是金融资本高度发达的成熟的证券市场，还是亚非拉等一些新兴的证券市场，过度交易的一个很明显表现就是高换手率。

第五章 基于行为金融的
Ａ股投资策略

从上文行为金融对股票市场投资者心理和行为偏差的解释可见，投资者对于证券市场有关键的影响，投资市场内部资源的配置和投资者行为存在相关性。根据传统金融的有效市场论，若投资者处于理性状态，可以确定正确的股票价格，即便参加交易的投资者中存在非理性的主体，但市场内的资产交易时刻产生。综合来看，其出现的非理性交易也将得到抵消，在股价上的影响并不显著。整体而言，即便投资者产生的非理性行为难以全部抵消，不过套利性投资者出现的套利活动将引起股价逐渐往基本面影响的价值进行回归①。但是，股票市场当中的投资行为，有极大部分都属于非理性行为，这一系列非理性行为的影响难以在短期内消除，所以投资者通常无法以信息作为依据展开交易活动，市场噪声成了主要的影响因素。行为金融论针对理性人假设进行了修正，分析投资者从认知以及决策环节出现的偏差，并研究情绪等

---

① 吕江林. 我国的货币政策是否应对股价变动做出反应？［C］//中国金融学会. 中国金融学会第八届优秀论文评选获奖论文集，2005：312-323.

要素。在投资者非理性的前提下，研究交易活动里产生的各类行为偏差，为更深入地解读股票市场交易现象带来了全新的方向。本章将从行为金融论出发，从反向投资、动量投资、成本平均投资、时间分散化投资、小盘股投资等方面对 A 股投资策略进行探讨。

第一节　反向投资策略

在我国股票的二级市场交易中，仍然以散户为主导。而散户的相关专业素质参差不齐，绝大多数都不具备较高的专业素质。他们在参与股票交易时大多数抱有投机的心态，基本都是短线操作，并且主要投资创业板和中小板的股票，这使得有估值优势的蓝筹股在个人投资中需求较少，直接导致了被低估的蓝筹股股价在市场的波动中持续处于低估区间，这种极具侥幸的投机行为往往会加剧市场的波动①。其次，由于缺乏相关专业知识，他们也很少会分析公司的实际价值，他们的操作依据主要还是根据一些市场的信息，比如成交量、换手率或是一些公司公布的消息等。对于这种市场行为所形成的数据，如果没有自己的价值判断，全凭这些数据做出决策往往会导致投资者盲从，其个人主观意愿比较强烈。这种主观臆断往往会过分高估或者低估消息对于相关股票未来价值的影响，从而形成相关上市公司股票的价格与价值严重偏

---

①　陈海强，范云菲. 融资融券交易制度对中国股市波动率的影响：基于面板数据政策评估方法的分析［J］. 金融研究，2015（6）：159-172.

离。缺乏相关专业知识的投资者会依据一些分析师做的调研报告而做出自己的投资决策，而分析师的调研报告往往是基于企业当前的发展状况所做出的对未来的一种预测，其预测的前提条件都是基于分析师的假设，依此方式预测的结果往往也包含着过多的主观因素①。企业的实际发展状况可能与预测结果背道而驰。以上这些因素产生的最终市场表现就是市场的剧烈波动，股票价格的暴涨暴跌。

反向投资策略是指投资者在一个观察期期末买进过去表现差的股票的同时卖出表现好的股票，反向投资可实现的基础是市场中存在过度反应等非理性行为②。因为非理性行为常常会导致市场的非正常波动。然而，市场的非正常波动对于反向操作的适用性存在很大程度的关系。因为市场的非正常波动往往是由于市场参与者对于市场信息的不完全解读导致对于事件的反应不足或是反应过度造成的。但是随着时间的推移，市场信息总是会越来越接近真相，这就意味着曾经因信息不完全产生的认知偏差导致的价值的不完全会逐渐消失，或是曾经对于不完全信息产生的过度预期导致的价值高估也会消失，这也就是我们常说的价值回归。在这个价值被误解到价值被修正的过程中，是可以在被误解的过程中通过按价值回归的方向对股票进行操作获得较好收益的，这也就是反向操作能被运用获利的环境。

在 A 股除去在测试期出现长时间停盘的股票后剩余

---

① 贾德奎，李瑞海. 政策风险指数与中国股市波动 [J]. 金融论坛，2018，23（5）：66-80.

② 向诚，陆静. 投资者有限关注、行业信息扩散与股票定价研究 [J]. 系统工程理论与实践，2018，38（4）：817-835.

3 054 只股票，在这 3 054 只股票中按一定条件选取 40 只样本股票。时间跨度从 2016 年 7 月 1 日至 2019 年 12 月 30 日，总共 858 个交易日。由于在测试期间有部分股票出现几天的停牌，本书假设该类股票在停牌期间有收益率，其日收益率数值为 0[①]。

研究将测试阶段前的一个月、一个季度和半年分别作为观测期，观测圈定的 3 054 只股票，统计这 3 054 只股票在观察期期间的收益率，这个收益率为该股票在整个观察期的涨跌幅。然后将收益率由高到低排序。将 3 054 只股票按排序平均分成 4 组，每组取 10 只，前两组分别取在测试期内交易天数大于 760 天靠前的 10 只股票；后两组分别取在测试期内交易天数大于 760 天的靠后的 10 只股票。得到 4 组获利不同的股票子组合，按获利由高到低分别标记为优、次优、次劣、劣。再将这 4 组子组合股票进行组合间的两两配对，得到（优、劣）、（优、次劣）、（优、次优）、（次优、劣）、（次优、次劣）、（次劣、劣）6 组新的母组合。按照反向操作原理，在观测期末卖出母组合各组中表现好的子组合股票，买进表现差的子组合股票；在测试期末做相反操作，买进观测期末卖出的股票，卖出观测期末买进的股票。将整体的测试期划分为一个月、一季度、半年、一年、两年、三年、三年半七个阶段。在相应的测试期计算各组合的超额收益和累计超额收益。具体如表 5-1 所示。

---

① 数据来源于搜狐证券网及东方财富软件。

表 5-1 反向操作策略：累计超额收益率统计性描述

观察期	组合		测试期						
			一个月	一季度	半年	一年	两年	三年	三年半
半年	(优，劣)	超额收益	0.7519	1.5519	2.7182	0.8340	-0.3721	3.2425	32.3484
		T值	4.6926	13.7234	22.0527	30.9486	20.9750	25.7640	29.1059
		P值	0.0001	0	0	0	0	0	0
	(优，次优)	超额收益	0.956	1.7254	1.8927	1.306	1.2459	2.9823	2.975
		T值	6.5796	17.4236	27.4117	22.7151	29.5536	34.8976	39.2698
		P值	0	0	0	0	0	0	0
	(优，次劣)	超额收益	0.7625	1.7205	4.2261	3.3474	4.928	7.4259	6.8378
		T值	4.7131	13.8232	16.7749	31.5831	55.4187	55.8396	61.3940
		P值	0.0001	0	0	0	0	0	0
	(次优，劣)	超额收益	-0.2041	1735.0000	0.8255	-0.472	-1.618	0.2602	1.2039
		T值	-6.8477	7977.0000	0.6988	12.2923	1.2337	5.1557	1.0570
		P值	0	0.0003	0.4859	0	0.2179	0	0
	(次劣，劣)	超额收益	-0.0106	-0.1686	-1.5079	-2.5134	-5.3001	-4.1834	-2.6589
		T值	-3.2825	1.4108	-7.8239	-19.44100	-31.6747	-45.4242	-53.3647
		P值	0.0034	0.1631	0	0	0	0	0
	(次劣，次优)	超额收益	-0.1935	-0.0049	2.3334	2.0414	3.6821	4.4436	3.8628
		T值	-8.7012	-7.2444	5.3677	18.0488	39.9945	53.2845	62.6879
		P值	0	0	0	0	0	0	0

基于行为金融的 A 股投资策略研究

表5-1（续）

观察期	组合		一个月	一季度	半年	一年	两年	三年	三年半
一季度	（优、劣）	超额收益	0.396 5	0.371 5	2.665 8	2.018 2	-0.964 6	0.098 3	-1.624 2
		T值	3.183 0	8.487 6	12.329 1	26.054 9	15.437 0	12.382 4	7.606 0
		P值	0.004 3	0	0	0	0	0	0
	（优、次劣）	超额收益	-0.349 4	-0.213 8	2.540 4	0.337 8	-0.198 1	0.346 3	0.184 8
		T值	5.806 3	-7.291 8	3.554 9	13.743 7	3.321 9	4.180 4	4.012 9
		P值	0	0	0.000 5	0	0.001 0	0	0.000 1
	（优、次优）	超额收益	0.090 5	0.237 9	2.433 3	1.313 0	0.275 2	1.229 4	-0.065 1
		T值	0.162 9	3.638 5	7.968 5	20.339 5	15.183 7	26.844 8	26.238 9
		P值	0.872 1	0.000 5	0	0	0	0	0
	（次优、劣）	超额收益	0.745 9	0.585 3	0.251 3	1.680 4	-0.766 5	-19.183 1	-40.195 2
		T值	11.434 5	23.531 8	24.923 5	32.173 3	25.810 7	-7.414 6	-14.163 3
		P值	0	0	0	0	0	0	0
	（次劣、劣）	超额收益	0.306 0	0.133 6	0.358 4	0.705 2	-1.239 8	-1.131 1	-1.559 1
		T值	10.091 8	12.162 1	20.428 9	21.179 7	8.115 7	-6.492 9	-10.979 9
		P值	0	0	0	0	0	0	0
	（次优、次劣）	超额收益	0.439 9	0.451 7	-0.107 1	0.975 2	0.473 3	0.883 1	-0.249 9
		T值	8.810 8	19.857 8	7.715 0	3.786 8	17.287 3	30.765 3	29.705 4
		P值	0	0	0	0.000 2	0	0	0

（测试期）

表5-1（续）

观察期	组合		测试期						
			一个月	一季度	半年	一年	两年	三年	三年半
一个月	（优，劣）	超额收益	0.026 3	0.412 5	1.695 8	0.378 1	-1.852 6	-1.259 6	-2.356 1
		T值	0.625 0	3.381 5	9.649 1	18.542 6	-2.361 8	-8.364 1	-14.263 5
		P值	0.538 4	0.001 2	0	0	0.016 0	0	0
	（优，次劣）	超额收益	-0.132 4	0.617 6	1.131 5	1.264 2	2.653 5	2.758 1	1.231 5
		T值	1.901 2	3.728 4	12.050 9	22.622 0	35.276 3	53.424 8	56.825 2
		P值	0.070 5	0.000 4	0	0	0	0	0
	（优，次优）	超额收益	0.642 4	0.572 2	3.162 9	1.670 2	-1.841 2	-1.202 7	-1.720 6
		T值	5.264 6	10.408 1	10.910 8	21.550 5	9.061 3	2.852 3	-3.318 1
		P值	0	0	0	0	0	0.004 5	0.000 9
	（次优，劣）	超额收益	0.774	-0.045 4	2.031 4	0.406 0	-4.494 7	-3.812 1	-3.527 7
		T值	-1.219 5	0.162 1	0.138 5	-4.170 4	-21.560 0	-37.143 1	-44.930 4
		P值	0.235 6	0.871 8	0.890 1	0	0	0	0
	（次劣，劣）	超额收益	0.167 0	-0.190 8	0.711 7	-0.887 1	-4.542 8	0.148 7	-0.575 6
		T值	-7.561 9	-12.833 0	-8.366 0	-17.166 1	-25.138 6	-20.102 4	-21.447 4
		P值	0.235 6	0	0	7	0	0	0
	（次劣，次劣）	超额收益	-0.607	-0.145 4	-1.319 7	-1.293 1	-0.048 1	-3.960 8	-2.952 1
		T值	5.251 1	9.483 6	4.392 1	6.369 6	-12.607 0	-26.334 6	-32.687 2
		P值	0	0	0		0	0	0

图 5-1 反映的是以一个月为观察期的各组合累计超额收益率。从图 5-1 中我们可以发现，在开始的一年测试期里，除了（次优、次劣）组合在半年后出现了负的收益外，其余组合都获得了正的收益，其中（优、次劣）组合在一年期表现的最好。在一年以后除了（优、次优）组合能获得正的收益外，其余组合的收益均为负。

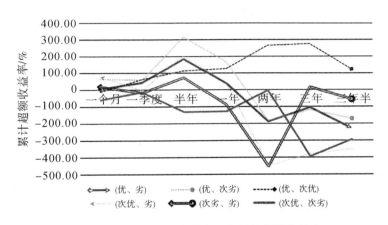

图 5-1　一个月观察期的各组合累计超额收益率

从图 5-2 可以看出，（优、次劣）组合的方差在每一个统计时间点的所有组合中的值都是最大的，（次优、次劣）组合、（次劣、劣）组合次之，其他组合的方差基本都很小。同时较大组合的方差在统计的时间段内表现出了凸形特征，即在第二年的时候方差值达到顶峰，然后逐渐降低。

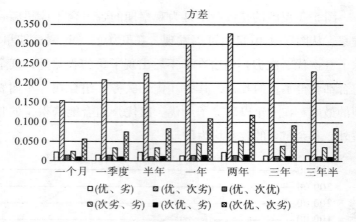

方差

图 5-2　一个月观察期的各组合超额收益率的方差

　　结合以上图表的收益、方差不难发现，在以一个月为观察期的反向操作组合中，（次优、次劣）组合和（次劣、劣）组合不是较好的选择。这些组合在收益表现较差的情况下方差还很大。（优、次劣）组合虽然在同时间段内收益表现最好（见表 5-3），但是其方差也是最大的，这类组合适合风险偏好型的投资者。（优、次优）组合在风险和方差表现都明显好于其他组合的表现。因此，在以一个月为观察期的测试阶段中，较为合适的组合应该是（优、次优）组合，其次是（优、劣）组合。

表 5-3 　一个月度观察期的各组合累计超额收益率

单位:%

观察期	组合	一个月	一季度	半年	一年	两年	三年	三年半
一个月	(优、劣)	3.460	42.68	184.32	37.71	-188.93	-1.059	-2.301 2
	(优、次劣)	64.240	57.22	316.29	167.02	-184.12	-120.27	-172.06
	(优、次优)	-13.240	61.760	113.15	126.420	265.350	275.81	1.231 5
	(次优、劣)	77.48	-4.54	203.14	40.60	-449.47	-381.21	-352.77
	(次劣、劣)	16.70	-19.08	71.17	-88.71	-454.28	14.87	-57.56
	(次优、次劣)	-60.78	-14.54	-131.97	-129.31	-4.81	-396.08	-295.21

图 5-3 反映的是以一个季度为观察期的各组合累计超额收益率。从图 5-3 中我们可以发现,在开始的一年测试期里,除了(优、次优)组合在半年后出现了负的收益外,其余组合都获得了正的收益,在前一个季度中所有正收益组合除了(次优、劣)组合表现较为突出一点,其余组合收益都比较相近。在一季度到一年这一时间段内(优、劣)组合收益最好,其次是(优、次优)组合和(优、次劣)组合。在一年以后,各组合累计超额收益率和观察期为一个月的累计超额收益率一样,基本上都表现为负的收益。其中(次劣、劣)组合的收益率变现最差。

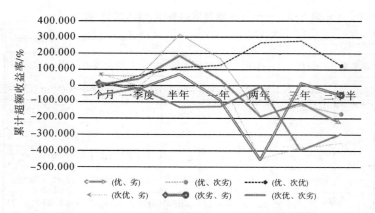

图 5-3　一季度观察期的各组合累计超额收益率

从图 5-4 可以看出，（优、次劣）组合和（优、劣）组合的方差值很明显是大于其他组合的。在以一个季度作为观察期的测试中，方差值没有一组是明显低的。（优、次劣）组合和（优、次优）组合在收益方面表现较好，但是横向比较起来也具有较高的风险。总体而言，在该观测期的测试中，一般高收益组合都伴随着较高的方差风险。

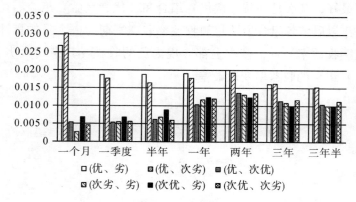

图 5-4　一个季度观察期的各组合超额收益率的方差

与观察期为一个月的测试相比较，观察期为一个季度的测试，其代表风险因素的方差值有明显的提升，且所有组合都在提高。在收益表现方面，两个测试阶段都表现为在一年期限内可以获得较为理想的收益，但是在期限超过一年的情况下，收益出现急剧下跌，甚至大部分组合收益为负。这在一定程度上表现出了在适合反向投资策略有效期限内，同一标的时间越长风险越大的特点。表5-4为一个季度观察期的各组合累计超额收益率。

表5-4　一个季度观察期的各组合累计超额收益率

单位：%

观察期	组合	一个月	一季度	半年	一年	两年	三年	三年半
一季度	（优、劣）	39.650	37.150	266.580	201.820	-96.460	9.83	-162.42
	（优、次劣）	9.050	23.790	243.330	131.300	27.520	122.94	-6.51
	（优、次优）	-34.940	-21.380	254.040	33.780	-19.810	34.63	18.48
	（次优、劣）	74.590	58.530	25.130	168.040	-76.650	-1 918.3	-4 019.23
	（次劣、劣）	30.600	13.360	35.840	70.520	-123.980	-113.1	-155.91
	（次优、次劣）	43.990	45.170	-10.710	97.520	47.330	88.31	-24.99

图5-5反映的是以半年为观察期的各组合累计超额收益率数值和大小的比较。从图5-5中我们可以发现，（优、次劣）组合，（优、劣）组合，（优、次优）组合在整个观察期内收益表现都很好。（次劣、劣）组合收益表现最差。与一个月和一个季度为观察期的相比较，在一年后，仍有三个组合的收益表现较好，并没有出现急剧下滑。

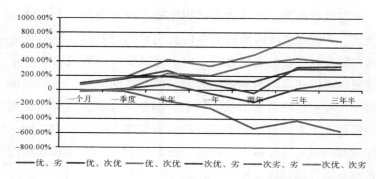

图 5-5　半年观察期的各组合累计超额收益率

从图 5-6 可以看出，（次劣、劣）组合的方差在每一个统计时间点的所有组合中的值都是最大的，（次优、劣）组合，（优、次劣）组合次之，其他组合的方差基本都很小。同时较大组合的方差在统计的时间段内表现出了凸形特征。即在第二年的时候方差值达到顶峰，然后逐渐降低，这和以一个月为观察期的测试阶段类似。

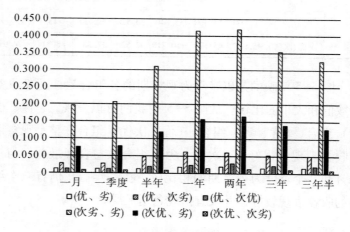

图 5-6　半年观察期的各组合超额收益率的方差

基于行为金融的 A 股投资策略研究

在以半年为观察期的测试阶段，（优、劣）组合和（优、次优）组合是较好的选择，在收益和方差两方面表现都较好。与观察期为一个月和一个季度的测试阶段相比较，观察期为半年的测试阶段的收益有了显著的变化。在一年以后的测试中，较短观察期的测试都出现了较大转折，甚至由正值转为负值。但是半年观察期的测试阶段基本缓慢转折，并仍有过半的组合保持着正的收益值。在风险度量的方差值表现方面来看，基本和一个月观察期的测试阶段类似。这有可能是由超出了一个反向操作周期进入下一个反向操作周期造成的。

从三个不同观察期限的测试阶段来看，（优、劣）组合在三个不同期限的测试阶段，无论在收益还是在风险方面都有较好的表现。而（次优、次劣）组合和（次劣、劣）组合在三个不同观察期限的测试阶段，无论是在收益还是在以度量风险的方差方面，表现都不理想。与其他组合相比较，完全没有优势可言。从统计简单分类所获得的结果来看，选择在观察期末收益差比较大的组合作为方向操作组合是可以在相对较小的投资风险的情况下获得较为理想的收益的。按照观察期末的阶段性收益排序，然后再将收益差最大的股票作为投资标的，就可以获得较为理想的投资收益。

但对于风险偏好型的投资者而言，可以结合不同观察期的收益情况进行投资，来获得自己满意的投资收益。比如，在以一个月为观察期限的测试期内选择（优、次劣）组合，可以获得更好的收益。在以一个季度为观察期限的测试期选择（优、劣）组合能获得更高的收益。在以半年度为观察期限的测试期，选择（优、次劣）组合能获得较好的收益。所以，不难发现，如果是一个风险偏好型的投资者，可以选择

（优、次劣）组合作为自己的投资组合，（优、次劣）组合在不同期限的观察期内，收益相对于（优、劣）组合而言更高，只是用来衡量风险的方差也稍大一些。因此，（优、次劣）组合对于风险偏好型投资者而言是较好的选择。

在三个不同的观测期的测试过程中，在使用反向投资策略获得较为显著收益的新组合中，基本都出现了在观测期表现最好股票的优组合。

第二节　动量投资策略

一、动量投资的定义

动量效应又称惯性效应，指股市中存在的股票收益率延续过去运动方向的现象。即过去一段时间收益率高的股票未来仍表现较好，过去收益率低的股票，在未来仍然具有延续较低收益率的表现。自 Jegadeesh 和 Titman（1993）发现美国股市存在动量效应以来，这一现象一直是金融研究的热点，由此产生了动量投资策略，被机构及个人投资者应用于现实投资活动中。但是，迄今为止学术界还未能对动量效应进行完全合理的解释。在理论研究方面，学者大多从行为金融角度对动量效应进行解释。如 Daniel 等（1998）认为，投资者在投资决策中存在过度自信和偏自归因两种偏差。Hong 和 Stein（1999）的研究则将投资者分为消息观测者和惯性交易者来对动量效应进行分析。在国内，除了一些学者在国外研究的模型基础上进行改动分析之外，大部分是对我国股市惯性效应的存在性进行实证检验，研究结论不尽相同。

二、动量投资的应用思路

中国股市经常经历暴涨暴跌，使投资者猝不及防。在明确的牛市或熊市中，投资者按动量投资策略交易股票，短期内能获得显著的超额收益。为了检验动量交易策略（买进赢者组合，卖出输者组合）在股市市场态势转换时是否具有超额收益或避险作用，应在检验动量效应存在性的基础上，做进一步的实证分析。

三、动量投资的研究设计

市场态势的转换主要有两种情况：熊市转牛市、牛市转熊市。在本书的研究期间，2015 年 6 月 12 日—2015 年 6 月 19 日，股市从牛市转为熊市。在熊市 2015 年 6 月 20 日—2015 年 12 月 31 日的下半期，即 2015 年 9 月 30 日之后存在一波反弹，将此处近似视作熊市转为牛市。因此将本书研究期间分为三个小区间，2014 年 10 月 31 日—2015 年 6 月 12 日、2015 年 6 月 19 日—2015 年 9 月 30 日和 2015 年 10 月 9 日—2015 年 12 月 31 日。分别将上一区间作为排序期，下一区间作为检验期，检验上一区间买进收益率高的赢者组合卖出收益率低的输者组合在下一区间市场态势转换时的收益情况。

本研究选择 A 股 2014 年 10 月 10 日前上市的所有股票剔除 ST 股票后，剩余的总共 2 498 只股票的前复权周收盘价，市场收益采用上证指数周收益率。研究区间为 2014 年 10 月 31 日—2015 年 12 月 31 日，总共 62 周。从该阶段证券市场走势来看，可以明显地划分出牛市和熊市。牛市区间取 2014 年 10 月 31 日—2015 年 6 月 12 日，共 33 周；熊市区间取 2015 年 6 月 26 日—2015 年 12 月 31 日，共 29 周。

　　排序期长度分别取 1 周、2 周、4 周、6 周，检验期长度也分别取 1 周、2 周、4 周、6 周。为了保证样本观测值的独立性，使惯性投资策略具有实际意义，对排序期为 1 周和 2 周的数据采取非重叠抽样。排序期为 4 周和 6 周时，若采用非重叠抽样，则抽样出来的样本相对较少。所以，对于排序期为 4 周和 6 周的数据，以 2 周为单位依次重叠抽样。例如将 4 周时 2014 年 10 月 31 日、2014 年 11 月 7 日、2014 年 11 月 14 日、2014 年 11 月 21 日作为排序期抽样后再将 2014 年 11 月 14 日、2014 年 11 月 21 日、2014 年 11 月 28 日、2014 年 12 月 5 日作为排序期抽样。对排序期的数据按个股累计超额收益率进行排序，抽出超额收益率最高的前 15 只股票组成赢者组合，超额收益率最低的后 15 只股票组成输者组合。

四、动量投资的数据处理与检验分析

　　第一，采用对数差分方法计算股票 g 在第 t 周的收益率 R_{gt} 和市场收益率 R_{mt}，将 R_{gt} 减去 R_{mt} 得到超额收益率 AR_{gt}。市场收益率采用上证指数周收益率。

　　第二，计算股票 g 在 n 周中的累计超额收益率 CAR_{gn}，它是股票 g 在 n 周中超额收益率的简单加总，即：$CAR_{gn} = \sum_{t=1}^{n} AR_{gt}$。

　　第三，在排序期中，本书采用 CAR_{gn} 对股票进行排序。CAR_{gn} 最高的 15 只股票定为赢者组合 W，最低的 15 只定为输

者组合 L。

第四，计算赢者组合 W 和输者组合 L 在检验期中的平均累计超额收益率 R_w 和 R_l。惯性效应值 $\Delta R = \dfrac{1}{k}\sum_{i=1}^{k} R_w - R_l$。

第五，显著性检验（t 检验）：$t = \dfrac{\Delta R}{\dfrac{\sigma k}{\sqrt{k-1}}}$（$\sigma k$ 为样本方差，k 为样本量）。

第六，采用 R 语言进行数据处理和显著性检验。

表 5-5 列示了市场态势为牛市时的研究区间，排序期和检验期均为 1 周、2 周、4 周、6 周时的赢者组合和输者组合的周平均超额收益率，并对其进行显著性检验。

表 5-5　牛市期间动量交易策略的周平均超额收益率

M	组合	N			
		1	2	4	6
1	ΔR	0.066 7 ***	0.037 1 **	−0.001 3	0.003 9
	T 值	4.682 4	2.260 6	−0.013 8	0.352 6
2	ΔR	0.039 0 ***	0.017 8 **	−0.000 3	0.000 8
	T 值	5.085 3	2.042 5	0.075 3	0.186 4
4	ΔR	0.036 9 ***	0.009 5 **	−0.012 2	−0.001 3
	T 值	3.792 6	1.880 1	−0.426	−0.023 4
6	ΔR	0.007 7 ***	0.001 9	−0.003 6	−0.006 4
	T 值	2.207 5	0.468 7	−0.376 6	−1.055 4

注：①N 表示排序期，M 表示检验期；②*，**，*** 分别表示在 10%，5% 和 1% 的置信水平下统计显著。

表 5-6 列示了市场态势为熊市时的研究区间，排序期和检验期均为 1 周、2 周、4 周、6 周时的赢者组合和输者组合的周平均超额收益率，并对其进行显著性检验。

表 5-6　熊市期间动量交易策略的周平均超额收益率

M	组合	N			
		1	2	4	6
1	ΔR	0. 068 1 ***	0. 047 0 **	-0. 001 3	0. 003 9
	T 值	3. 875 4	3. 397 7	-0. 013 8	0. 356 1
2	ΔR	0. 037 7 ***	0. 024 8 **	-0. 011	-0. 006 7
	T 值	3. 272 2	2. 240 6	-1. 003 2	-0. 530 2
4	ΔR	0. 027 7 ***	0. 005	-0. 034 5	-0. 009 3
	T 值	2. 230 4	0. 695 7	-1. 175	-13 477
6	ΔR	0. 009 5 ***	0. 003 6	0. 009 5	-0. 007 5 **
	T 值	2. 565 2	0. 756 2	1. 003 1	-2. 129 3

注：①N 表示排序期，M 表示检验期；② * ，** ，*** 分别表示在 10%，5% 和 1% 的置信水平下统计显著。

从表 5-5 和表 5-6 可见，在我国股市中不管在牛市还是熊市的市场态势中，动量效应都是存在的。排序期为 1 周、2 周，检验期为 1 周、2 周的组合，不论处于何种市场态势中均能表现出显著的动量效应。在牛市中当排序期和检验期为 1 周和 4 周、1 周和 6 周、2 周和 4 周时存在明显的动量效应。在熊市中排序期和检验期为 1 周和 4 周、1 周和 6 周时也能获得显著的超额收益，动量效应存在。

由表 5-5 和表 5-6 的实证检验结果得知，在中国 A 股，不管熊市、牛市，1 周的排序期和 1 周检验期的动量交易策略组合都能获得显著的超额收益。因此，在进一步检验从牛市转熊市和熊市转牛市采用动量策略的投资组合收益率时，只研究1周排序期和1周检验期的情况。在牛市中以1周收益率排序对研究的股票进行非重叠抽样，检验在牛市突然转熊市和熊市突然转牛市的那周的收益情况，得到表5-7。从表5-7的实证分析结果可以看出，牛市转熊市后第一周的超额收益率为负值，熊市转牛市后第一周的超额收益率也为负值。不存在动量效应，而且没有统计上的显著性。这说明在牛市中采用动量交易策略，买进之前任一周超额收益率最高的股票组合，卖出那一周超额收益率最低的股票组合，当股市突然暴跌后的一周并不能获得正的超额收益，即这一策略没有避险作用。当股票市场在熊市中采用同样的动量交易策略并不能在市场突然触底反弹时获得比大盘更高的收益。非但如此，组合的周超额收益率小于零，表明存在反转效应，但是并不显著。表5-5、表5-6的实证结果表明短期的动量效应显著存在，即1周、2周的持有期和1周、2周的检验期。检验在牛市突然转熊市和熊市突然转牛市的那周的收益情况时，排序期与检验期间隔过长，导致实际的检验期远远大于1周、2周的时间。这是实证检验结果不明显的原因。这一结果证明了在牛市或熊市中采用动量交易策略，若持有期过长则动量效应失效，投资者不能获得超额收益。

表5-7　市场态势转换时动量投资策略的收益情况

组合	牛市转熊市	熊市转牛市
ΔR	−0.008 9	−0.004 0
T 值	−1.082 6	−0.418 6

五、动量投资的对策建议

　　由于 A 股是高度的投机市，投资者更多地注重资本利得而非红利，投资者的持有期限比较短，这一点可以从中国股市过高的换手率看出。过高的换手率导致了动量效应所能持续的时间被大大地缩短。因此与国外不同，动量效应大多只在一两周期间才显著地存在，大于一月的时期不存在或不显著。另外，中国股市中的投资者主要是散户，机构投资者只占了一小部分。又由于中国股票市场比较类似弱有效市场，在该有效市场中，信息的产生和公开并不是及时和完全正确的，这一过程往往受到不同的损害。而且并不是每一位投资者对所披露的信息都能做出全面、正确、及时和理性的解读和判断，只有那些掌握专门分析工具和具有较高分析能力的专业人员才能及时获取正确的信息，并做出恰当的理解和判断。因而普通投资者的行为往往表现为对市场信息的过度反应和反应不足，并由此在市场上表现为短期的动量效应。市场中被大量投资者拥护并运用到实际投资活动中的动量交易策略在短期能取得高于市场平均水平的收益率。但是动量效应的存在并不意味着采用动量投资策略在市场态势转换时具有更高的避险和增值作用。投资策略的关键在于"快进快出"，排序期和持有时间都尽量控制在一个月以内。这样的动量投资策略在牛市、熊市还是牛熊转换之际，能避免大盘暴涨暴跌的影响，获得稳定的超额收益率①。这一研究结果与当今我国股市高度的投机性完全契合。采用动量交易策略也是某种"顺势而为"。

第三节　成本平均策略

一、成本平均策略的定义和原理

成本平均策略又名"懒人理财术"或"定期定额投资法"，是投资学名词，指在特定间隔期间（例如每月买入一次），买入固定金额的某资产的投资方式②。成本平均投资策略是指投资者为了在股价发生大的波动时摊薄损失，避免过大损失，按照预先制订的计划以不同价格分批买进股票的投资策略。对于减缓对投资者的损失厌恶心理具有重要作用。平均成本法是定时投资策略的一种，以规律机械式的方法投入资金，除了用以累积投资资本，投资人也利用这种方法试图克服单笔投资的困境，将"择时能力"从投资决策因子中排除，以分批投资方式进入市场，降低单一时间点投入的风险，让投资者不必"等"或"猜"所谓适当时机，不需去挑选何时执行进入、何时退出市场的指令，只要选定投资标的、日期与金额，即可开始行动。

　　① 黄顺武，等. 趋势识别、反转交易与超额收益 [J]. 财会通讯，2018（6）：102-106.
　　② 刘士宝. 基于行为金融的证券投资分析 [J]. 现代商业，2018（20）：36-38.

成本平均策略的投资原理是当投资者无法精确把握合理的买入价格和买入时机时，为了降低风险，可以结合证券收益率波浪理论，在波浪的较低点，选择一个合理的价格区间，分批次购入不同价格等级的证券，使证券投资成本平均化，这种投资策略被称为成本平均策略①。这个策略比较适用于散户投资者，尽管会降低收益水平，但会在一定程度上修正损失厌恶变差，减少投资者非理性投资行为。如今，平均成本策略曾经是部分基金公司及投资顾问大力推荐的投资方法，称为"精明投资"，客户接受此类投资方法，投资者每月薪金的一部分会用作投资，基金公司及投资顾问不必出力提供专业投资建议，已经可以收取佣金。成本平均策略假定投资者的财富只有一种形式，并且想把资产转化为另一种形式。该策略的投资者通常会把本金分成不同的部分，按照事先确定的方案每次以同数量的现金进行交易，避免一次性投资带来的风险。成本平均策略是次优而非最优的投资策略，该策略在价格高时投资的股数少，价格低时投资的股数多，这减少了投资成本。Warther（1994）的实证研究发现，采用成本平均策略的投资者在股价下跌后更趋向于买入股票。

二、成本平均策略的建议

证券市场交易者买入股票后，由于市场变化莫测，股价要么下跌要么上涨，为降低成本，可采用成本平均策略。具

---

① 王硕一. 行为金融视角下的证券投资分析 [J]. 金融实视线, 2019 (4): 47-48.

体如下：

（1）平均成本策略，即逐次等额摊平。基本思想是：买入股票所花费的平均成本低于股票均价。每次的投资金相同，股价高时买进股数少；反之，股价低时买进股数多。

（2）买平均低策略，即下档等额摊平策略。投资者在高价买进后被套，持股蚀本，在股价继续跌落一段时间后，投资者再买进。一般实行"三分法"，把资金分成三等份，在股票下跌的过程中，分三次购买，使购买股票的总体平均成本降低。

（3）下档倍数摊平。该策略与下档等额摊平类似，但不同之处在于，当股票下跌时，需加倍投资购进。也就是说，后一次买入的股数是前一次的两倍。

（4）买平均高策略，即上档等额摊平策略。其意义与买平均低策略相反，买平均低策略是针对股票下跌的情况，而买平均高策略是针对股票上涨时所采取的策略。其基本原理是：每次投资本金相同，投资者在某一价格购买部分股票，如果股价上升一个段次后，买进第二部分，后面的交易依次类推[1]。

（5）上档倍数摊平，该法与下档倍数摊平的做法相反，是针对股价上涨时所采取的策略。投资人购入次股票后，如果股价上涨，交易者加码买进，但第二次买入股数小于第一次，依次类推，购入数量依次减少。

---

① 王舒曼. 投资者情绪变动与股市收益率关系的实证研究［J］. 商丘师范学院学报，2016（2）：112-116.

第四节 小盘股投资策略

小盘股指发行在外的流通股份数额较少的上市公司的股票。小盘股的单股价格一般较低，在短期内容易出现大涨大跌的大幅波动，但因其每股收益高、每股净资产高、每股公积金高、每股未分配利润高的特点，受到资金量有限的中小投资者的青睐①。

证券市场中个体投资者往往偏好采取小盘股投资策略。因为在股票市场中的小盘股流通盘子小，价格易于操控，致使股价极易波动，投资交易者可以采用阶段波段操作方法，在低点买进以求未来高价卖出，获得价差收益。首先，投资者必须要了解自身对于风险的态度是厌恶还是爱好；其次，个体投资者必须对市场有所了解，识别朝阳产业与夕阳产业；然后，个体投资者还需要识别牛市与熊市，在合适的时机进入市场；最后，个体投资者必须把握好投资的节奏。但在现实生活中，尽管小盘股投资具有很多优点与投资价值，但个体投资者往往不能把握投资要点，造成自身损失。

---

① 肖竹. 证券市场中的羊群行为刍议：基于行为金融学的研究 [J]. 经济研究导刊，2014，37（13）：142-145，198.

第六章 基于行为金融的 A 股投资实证研究

为了验证投资策略有效性以及量化投资策略中各变量对投资收益的影响关系，本章将从实证分析的视角，通过构建向量自回归模型，选择样本股票，对行为金融指导下 A 股投资策略自回归模型中的自变量和因变量进行稳定性检验、Johansen 协整检验和 Granger 因果检验，对影响变量进行脉冲响应分析和方差分析，以便确立投资者情绪和投资者行为对投资收益的影响因子。

第一节 模型的理论基础

为了研究投资者情绪对股票市场收益的关系，国外的研究者开始尝试去建立理论模型，其中主要的模型有：

一、噪音交易模型

噪音交易模型（简称 DSSW 模型），认为市场上存在两种投资者，一种为理性投资者，一种为噪声投资者。噪声投资者往往会错误地处理他们得到的信息。他们的这种信息可能是来自他们自身的经验分析，或者其他机构传递的虚假信号，他们非理性地认同了这些有价值的信号，并依据这些信息做出了投资决策。面对噪音投资者的这种行为，理性投资者往往会利用噪音投资者的这种非理性决策进行一定的套利交易来获取利润。理性投资者会与噪声投资者做出相反的操作，这种操作叫作"反向交易策略"。理性投资者的这种相反的交易策略最终会使得资产的价格趋向于其内在价值，但往往很难达到此效果，因为在大多数情况下，套利存在一定的局限性。

二、BSV 模型

BSV 模型认为，市场参与者在股票市场上进行股票交易的时候，经常会出现两种可能的偏差，因而产生了投资者情绪。一种是反应过度，投资者对股票市场出现的突发事件或者信息往往会比较敏感，容易产生过度反应，使得股票市场短期内产生一种过度的反应。另一种是反应不足，当股票市场上出现一些比较重要的消息时，投资者反而对其响应不大，表现得十分保守，因而股票价格没有什么反应，或者变动的幅度不大。同时 BSV 模型认为，由于没有办法可以十分有效地使股票市场中的泡沫消失，而无法使股票价格迅速回归到其内在价值。

三、BHS 模型

BHS 模型基于两大假设，心理学和投资者行为，与传统的金融理论模型不同，BHS 模型增加了投资者对风险的感知，以此来解释股票价格异常波动的深层次原因。该模型的理论基础是前景理论，认为股票市场上的投资者多数都是风险厌恶者，当股票价格上升时，投资者往往会存在一种侥幸心理，就是认为将来股票的价格不会下降，而会持续上涨，从而会选择持有股票或者继续买入股票，这就导致股票价格非正常地持续上涨；而当股票价格下降时，投资者往往会存在一种担惊受怕的心理，害怕股票价格会持续下降，害怕继续持有股票会使得自己的资产受到损失，从而会疯狂地卖出手中持有的股票，导致股票价格非正常下跌。

以上的模型分别从不同的角度研究了投资者情绪与股票价格的关系，为本书的研究提供了坚实的理论基础。

第二节　模型及变量数据选取

一、VAR 模型介绍

VAR 模型又称向量自回归模型（vector auto-regression model），是 1980 年由 Christopher Sims 提出的，基于时间序列数据建立的用于检验模型内某内生变量当期项与所有内生变量若干期滞后项之间动态关系的计量模型。与其他模型不同，VAR 模型并不以严格的经济理论为依据，因此也不会对参数施加零约束，即使结果不明显，也不会将变量剔除，同时也不会分析变量的经济意义。VAR 模型一般包括平稳性检验、协整检验、ACM 误差检验、格兰杰因果检验、脉冲响应及方差分解等。

由于 VAR 模型对于相互联系的时间序列变量系统是有效的预测模型，它不以经济理论为基础，而是在模型的每一个方程中，进行内生变量对模型的全部内生变量的滞后项的回归，从而估计全部内生变量的动态关系。鉴于本书是研究基于行为金融的投资者情绪和行为对 A 股投资收益的影响，可能还存在着双向影响问题，因此本书采用 VAR 模型来进行实证分析。根据模型构建思路，设计如下模型：

$$AR=\beta_0+\beta_1 IS+\beta_2 IA+\beta_3 BP+\varepsilon \qquad (6-1)$$

其中，被解释变量 AR 为超额收益率（abnormal return），AR =股票收益率-指数收益率。AR 越大，股票的超额收益率越高，收益就越高。解释变量 PB 为投资者建仓（position building）程度，如果投资者开始多头建仓、增持某一股票，则股东户数相应减少，户均持股数和户均持股比例会相应增加，但户均持股数受到股本变动的很大影响，户均持股比例则受股本变动影响小。因此把户均持股比例作为投资者建仓程度的代理变量。IS 为投资者情绪，IS 为投资者行为，该两者指标都是基于行为金融理论视域下投资者理性投资行为指数。

二、样本和数据选取

本书中的数据主要来源于 Wind 数据库和 CSMAR 数据库，部分数据来源于 CCER 数据库（如稳健性检验中的超额收益率），时间限定为 2016 年 1 月至 2019 年 12 月。其中模型一的数据来源于沪深 300 指数成分股股票数据。在这里需要说明的是，300 指数成分股股票不是一成不变的，它每半年就会调整一次，剔除那些有问题的公司，但是变化不是很大，对样本的总体影响比较小，而且样本公司的变动比率比较小。故本书以 2016 年第一季度的数据为准，并且假定在其后的三年里并没有多少的变动，模型二的数据选择上证 A 股的数据，除去 ST 公司和一些经营异常的公司，然后选取最近五年的数据。

本书在数据的选择过程中使用了季度数据。之所以会使用季度数据，理由如下：根据我国关于上市公司管理的规定，上市公司要承担持续披露定期报告的义务，包括年度报告、中期报告和季度报告。季度报告要披露公司的基本情况、主要会计数据和财务指标以及证监会规定的其他事项。此外，Jegadeesh 和 Titman 采用季度的倍数作为数据，所以用季度数据可以考察机构投资者的交易信息和股东数据，也有利于考察公司的财务状况。

为了保证实证结果的严谨性、客观性和准确性，本书借鉴冯科、郑琛（2013）的方法，按照下述原则进行样本筛选：剔除在论文写作期间被 ST 的上市公司；剔除财务资料不全的上市公司；剔除刚上市半年以内的公司，以免公司刚刚成立，股票价格和成交量波动大，从而影响研究结果。根据以上原则最终选取 953 只股票作为最终的样本数据，对经过筛选的数据进行进一步的加工和处理，在处理过程当中主要运用 Excel 中的查找匹配函数等其他数据进行数据的分析和整理，使经过进一步整理之后的数据符合研究的选用要求，最终得到模型及相关数据。

在数据的选取过程中，例如从色诺芬数据库中选取超额收益率这一指标，会出现许多相近的指标，比如相对本市场的超额收益率，相对全市场超额回报率，相对同规模超额回报率，相对同风险超额回报率。无论是沪深 300 指数成分股还是主证 A 股，它们的行业、规模、风险都是不相同的，但是他们的市场大致是相同的，为了便于比较，本书选取相对本市场的超额收益率。关于变量中公司规模这一指标，目前大部分文章都选择对公司资产规模取对数，故本书同样选择这样的处理方式。

第三节　指标选取及变量数据的处理

一、指标选取

1. 自变量指标

（1）行为金融视角下的投资者情绪

投资者情绪受行为金融的影响，存在对不同股票，不同风险组合的偏好等影响。研究采用新增开户数表现直接市场参与者对股票价格波动的判断，同时也体现市场参与者对金钱的最直接的渴望，从而对股票市场资金的进出以及股票价格的波动造成影响。将投资者情绪指标设为 IS，数值越高，表明投资者参与情绪越高。

（2）行为金融视角下的投资者行为

由于投资者往往在投资过程中存在非理性行为，如赌性和短期行为、惜售行为、政策情结、羊群效应等，这些行为极大地影响了投资者的投资决策，进而影响投资收益。将投资者情绪指标设为 IA，指标取值在 1～10，数值越高，表明投资者理性投资行为的程度越高。

2. 因变量指标

（1）超额收益率

在这里，超额收益率的计算主要借鉴 Das（2006），采用购买并持有的做法，用股票的收益率与市场的收益率之差 AR 表示。具体公式如下：

$$BHARi = rit - mtit$$

其中，rit 表示第 i 只股票在 t 时期的收益率，$mtit$ 表示市场在 t 月的收益率。在本书中用指数收益率代替市场收益率。

（2）持股比率

投资者的建仓行为会使投资者手中的股票数量增加，其他投资者手中的股票数量减少。用数量来衡量，一个主要是户均持股比例，一个是户均持股数。投资者持股的结果影响就是持股集中了，十大股东不是一个很好的变量。首先从数学上，这个统计量代表性不是特别好；其次我们国家对股票进行监督，许多投资者为了建仓，可以同时操作很多账户，而且不会出现在前十大股东中。故用持股比率 PB 进行分析。

3. 控制变量指标

投资者在投资过程中除了受行为金融理论影响情绪和行为之外，也会受到外界如资产收益率、换手率、市盈率、公司规模的影响，因此将上述四个指标设为控制变量指标。

二、数据处理

本书所使用的经济数据，包括 IS、IA、AR、PB，均为名义数据。为使数据具有可比性，提高研究的准确性，应当对名义数据进行处理，消除人均可支配收入和贷款资金中的通胀因素，得到最终的实际数据。首先要计算出样本区间内的各月度以 2017 年 1 月为基期的 CPI 数据，然后用这一数据对 IS、IA、AR、PB 进行消胀处理。

第四节　模型的实证检验

一、平稳性检验

由于本书所采用数据全部是时间序列数据，为保证模型的准确和可靠，需要在建立模型前对各时间序列变量进行平稳性检验。本书采取 ADF（augmented dickey-fuller test）单位根检验分析各变量的时间序列的平稳性。ADF 检验通过在回归方程的右边加入因变量 yt 的滞后差分项来控制高阶序列相关。通过对 IA、PB、AR、IS 进行 ADF 单位根检验，分别针对以下三种情况：包含截距项但不包含趋势项、包含截距项和趋势项进行 ADF 单位根检验、不包含常数项和趋势项。以 IS 为例，进行检验得出如下结果，如表6-1~表6-3所示。

表 6-1　IS 含截距项和趋势项的 ADF 检验

Null Hypothesis: IS has a unit root

Exogenous: Constant, Linear Trend

Lag Length: 0 (Automatic - based on SIC, maxlag = 9)

		t-Statistic	Prob. *
Augmented Dickey-Fuller test statistic		-5. 173 425	0. 000 6
Test critical values:	1% level	-4. 165 756	
	5% level	-3. 508 508	
	10% level	-3. 184 230	

* MacKinnon (1996) one-sided p-values.

Augmented Dickey-Fuller Test Equation

Dependent Variable: D (IS)

Included observations: 47 after adjustments

Variable	Coefficient	Std. Error	t-Statistic	Prob.
IS (-1)	-0. 760 919	0. 147 082	-5. 173 425	0
C	0. 427 256	0. 127 063	3. 362 542	0. 001 6
@ TREND ("2015M01")	-0. 008 432	0. 003 775	-2. 233 444	0. 030 7
R-squared	0. 378 692	Mean dependent var		-0. 008 723
Adjusted R-squared	0. 350 450	S. D. dependent var		0. 384 185
S. E. of regression	0. 309 633	Akaike info criterion		0. 554 842
Sum squared resid	4. 218 387	Schwarz criterion		0. 672 936
Log likelihood	-10. 038 78	Hannan-Quinn criter.		0. 599 282
F-statistic	13. 409 16	Durbin-Watson stat		1. 942 360
Prob (F-statistic)	0. 000 028			

表 6-2　IS 含截距项但不含趋势项的 ADF 检验

Null Hypothesis：IS has a unit root

Exogenous：Constant

Lag Length：0（Automatic – based on SIC，maxlag=9）

		t-Statistic	Prob. *
Augmented Dickey-Fuller test statistic		−4. 478 035	0. 000 8
Test critical values：	1% level	−3. 577 723	
	5% level	−2. 925 169	
	10% level	−2. 600 658	

*MacKinnon（1996）one-sided p-values.

Augmented Dickey-Fuller Test Equation

Dependent Variable：D（IS）

Included observations：47 after adjustments

Variable	Coefficient	Std. Error	t-Statistic	Prob.
IS（−1）	−0. 606 089	0. 135 347	−4. 478 035	0. 000 1
C	0. 177 359	0. 062 828	2. 822 912	0. 007 1
R-squared	0. 308 254	Mean dependent var		−0. 008 723
Adjusted R-squared	0. 292 882	S. D. dependent var		0. 384 185
S. E. of regression	0. 323 063	Akaike info criterion		0. 619 680
Sum squared resid	4. 696 625	Schwarz criterion		0. 698 410
Log likelihood	−12. 562 48	Hannan-Quinn criter.		0. 649 306
F-statistic	20. 052 80	Durbin-Watson stat		2. 027 864
Prob（F-statistic）	0. 000 051			

表 6-3　IS 不含截距项和趋势项的 ADF 检验

Null Hypothesis：IS has a unit root

Exogenous：None

Lag Length：0（Automatic − based on SIC, maxlag＝9）

		t−Statistic	Prob. ∗
Augmented Dickey−Fuller test statistic		−3. 244 056	0. 001 7
Test critical values：	1% level	−2. 615 093	
	5% level	−1. 947 975	
	10% level	−1. 612 408	

∗ MacKinnon（1996）one−sided p−values.

Augmented Dickey−Fuller Test Equation

Dependent Variable：D（IS）

Method：Least Squares

Included observations：47 after adjustments

Variable	Coefficient	Std. Error	t−Statistic	Prob.
IS（−1）	−0. 353 387	0. 108 934	−3. 244 056	0. 002 2
R−squared	0. 185 756	Mean dependent var		−0. 008 723
Adjusted R−squared	0. 185 756	S. D. dependent var		0. 384 185
S. E. of regression	0. 346 671	Akaike info criterion		0. 740 168
Sum squared resid	5. 528 327	Schwarz criterion		0. 779 533
Log likelihood	−16. 393 95	Hannan−Quinn criter.		0. 754 981
Durbin−Watson stat	2. 242 149			

　　由表 6-1~表 6-3 可见，IS 项三种情况 p 值均小于 0. 05，显著不为零，拒绝原假设。根据 AIC 最优准则，比较 AIC、SC、HQ 数据，见表 6-4。

表 6-4 AIC 最优准则比较

	AIC	SC	HQ
含截距项和趋势项	0.554 842	0.672 936	0.599 282
含截距项但不含趋势项	0.619 680	0.698 410	0.649 306
不含截距项和趋势项	0.740 168	0.779 533	0.754 981

通过表 6-5 可见，IS 项含截距项和趋势项为平稳序列，同理计算整理得出四个变量的 ADF 检验结果。

表 6-5 变量时间序列 ADF 检验结果

	差分项	t 统计量	P 临界值/5%	平稳性
IA	0	−2.593 932	0.284 8	否
AR	0	−2.804 052	0.203 1	否
IS	0	−5.173 425	0.000 6	是
PB	0	−4.628 390	0.002 8	是
DIA	1	3.025 562	0	是
DAR	1	2.364 294	0.017 5	是
DIS	1	−6.458 465	0.981 2	否
DPB	1	−7.153 276	0	是

由上表可以看出，IS 项和 PB 变量拒绝存在单位根的原假设，即投资者情绪和持股比率为平稳序列，投资者行为和超额收益率变量不能拒绝存在单位根的原假设，为非平稳序列；当对各变量指标的一阶差分序列进行 ADF 检验时，在 5% 的显著性水平下全部拒绝存在单位根的原假设，为平稳序列。因此，可确定投资者行为 IA 和超额收益率 AR 两个变量

的时间序列为平稳的 AR（1）过程。

二、Johansen 协整检验

本书采用 Johansen 协整检验探求投资者情绪、投资者不理智行为、投资收益率、持股比率之间是否存在长期稳定关系，也为下一步因果关系检验做准备。本书采用 AIC 和 SC 准则确定 VAR 模型最优滞后期的选择。根据检验结果，AIC 和 SC 准则确定的滞后期均为滞后 1 期。Johansen 协整检验结果如表 6-6 所示。

表 6-6　Johansen 协整检验结果原假设

原假设 H_0	迹统计量	P 值/5%	最大特征值统计量	P/5%	结论
None *	54.268 2	0.000 2	41.286 9	0.001 0	拒绝
At most 1 *	34.651 2	0.003 5	19.622 1	0.032 4	拒绝
At most 2 *	46.398 5	0.140 3	55.651 4	0.084 2	不拒绝
At most 3 *	70.361 2	0.085 2	8.514 6	0.521 5	不拒绝

表 6-6 可见，根据迹统计量的特征值，在 5% 的显著性水平上拒绝了最多 1 个协整向量的原假设，但是不能拒绝最多 2 个协整向量的原假设。也就是说，投资者情绪 IS、投资者行为 IA、超额收益率 AR、持股比率 PB 之间的协整向量的个数为 2 个。

为了检验模型的稳定性，进行 AR 根检验，如图 6-1、表 6-7 所示，所有 AR 根都位于单位圆内，VAR 模型系统是稳定的，对结果进行脉冲响应分析和方程分解。

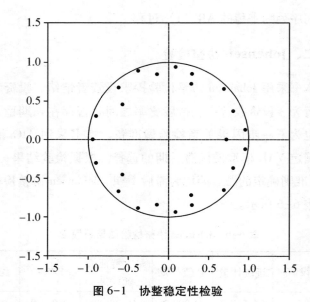

图 6-1 协整稳定性检验

表 6-7 协整 AR 根稳定性检验

Root	Modulus
0. 960 401 − 0. 124 452i	0. 968 431
0. 960 401 + 0. 124 452i	0. 968 431
−0. 374 341 + 0. 887 967i	0. 963 648
−0. 374 341 − 0. 887 967i	0. 963 648
0. 692 867 − 0. 654 265i	0. 952 958
0. 692 867 + 0. 654 265i	0. 952 958
−0. 899 374 − 0. 303 537i	0. 949 215
−0. 899 374 + 0. 303 537i	0. 949 215
0. 092 807 − 0. 937 718i	0. 942 300

表6-7（续）

Root	Modulus
0. 092 807 + 0. 937 718i	0. 942 300
−0. 940 841+0. 010 265 1	0. 940 841
−0. 618 041 − 0. 671 917i	0. 912 934
−0. 618 041 + 0. 671 917i	0. 912 934
0. 295 817 + 0. 848 211i	0. 898 315
0. 295 817 − 0. 848 211i	0. 898 315
0. 808 431 + 0. 367 712i	0. 888 128
0. 808 431 − 0. 367 712i	0. 888 128
−0. 141 510 − 0. 844 468i	0. 856 243
−0. 141 510 + 0. 844 468i	0. 856 243
0. 287 074 + 0. 720 672i	0. 775 744
0. 287 074 − 0. 720 672i	0. 775 744
−0. 570 045 − 0. 453 613i	0. 728 503
−0. 570 045 + 0. 453 613i	0. 728 503
0. 723 067+0. 032 114 58	0. 723 067

三、Granger 因果检验

从表6-8可见，当被解释变量为 IA 时，PB、AR、IS 对 IA 具有显著性影响，拒绝原假设；当被解释变量为 PB 时，IA、AR、IS 对 PB 不具有显著性影响，不拒绝原假设；当被解释变量为 AR 时，IA、PB、IS 对 AR 不具有显著性影响，不拒绝原假设；同理推断，PB、AR、IS 对 IA 具有预测能力，变量互为内生变量，VAR 模型具有预测能力和实际意义。

表 6-8　Granger 因果内生性检验

VAR Granger Causality/Block Exogeneity Wald Tests

Included observations：40

Dependent variable：IA

Excluded	Chi-sq	df	Prob.
PB	245. 418 3	8	0. 000 0
AR	71. 913 07	8	0. 000 0
IS	85. 668 01	8	0. 000 0
All	865. 700 7	24	0. 000 0

Dependent variable：PB

Excluded	Chi-sq	df	Prob.
IA	10. 241 46	8	0. 248 5
AR	20. 350 38	8	0. 009 1
IS	24. 530 07	8	0. 001 9
All	55. 494 57	24	0. 000 3

Dependent variable：AR

Excluded	Chi-sq	df	Prob.
IA	5. 993 868	8	0. 647 9
PB	4. 506 733	8	0. 808 8
IS	2. 194 972	8	0. 974 4
All	31. 932 29	24	0. 128 7

Dependent variable：IS

Excluded	Chi-sq	df	Prob.
IA	2. 639 837	8	0. 954 9
PB	2. 639 689	8	0. 954 9
AR	1. 868 026	8	0. 984 8
All	18. 214 16	24	0. 792 5

第五节　基于 VAR 模型的分析

为了进一步分析行为金融指导下投资者行为对投资收益的影响，本书基于上面的 VAR 模型，采用脉冲响应函数和方差分解进行分析，进一步研究投资者行为金融对投资收益的影响。实证结果见图 6-2。

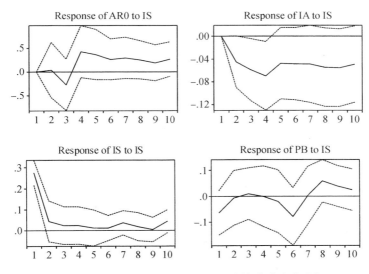

图 6-2　投资者情绪对投资收益影响的脉冲响应分析

一、脉冲响应分析

从图 6-3 的投资者情绪对收益率指标的脉冲响应分析结果看：当给投资者情绪一个正向的冲击时，也就是投资者保持乐观心态时，在短暂的震荡之后，将在第四期后对超额收益率有一个正面的冲击。随着期数的推迟，对自身的冲击在第二期后维持在一个较低水平，这是因为从长期看，投资者情绪对自身的解释程度将维持在一个平稳的水平。而给投资者情绪一个正面的冲击之后，对持股比例在前期由正转负，在第六期探底之后，转而上升。这是因为投资者情绪更多的是在短期内对持股比率产生影响，而从长期看，投资者随着投资经验的累积，投资水平逐渐提高，投资者情绪对减仓的影响会慢慢减弱。

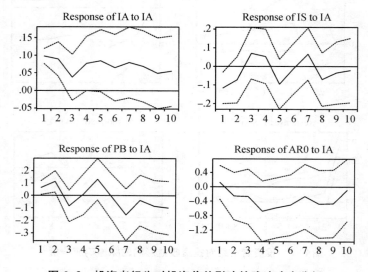

图 6-3　投资者行为对投资收益影响的脉冲响应分析

从图 6-3 可见，给投资者行为一个正面冲击，即投资者赌性和短期行为、惜售行为、政策情结、羊群效应等行为一个正面冲击，这些行为将在一定程度上影响投资者的投资决策，进而对投资收益造成负面冲击。投资者行为在第 1 期和第 2 期之间的冲击尽管在下降，但仍为正数，这主要是因为短期的不理智投资行为没有在短期中显现出来。随着时间的推后，不理智的投资行为将对投资收益造成越来越大的负面冲击，降低收益率。而投资者行为与投资者心理均基于行为金融视角下的投资者不理智行为两个维度，两者在期间内互为影响，或正或负。从 IA 冲击对 PB 的反应程度来看，对持股比率也没有规律性的影响。

对超额收益率的脉冲响应结果（见图 6-4）表明：当对超额收益率一个正向冲击时，将逐渐对投资者行为产生一个正向冲击，并且这种正向冲击在滞后第 7 期左右达到最大值，然后超额收益率对投资者情绪增长冲击的正向影响逐渐减少，直至第 8 期开始为零后转为平稳冲击，至第 9 期后逐渐收敛于均衡值。主要原因在于：当超额收益率增加时，市场资金充裕，各类流动资金需求均出现大幅增长。投资者情绪也随之大幅增长，但是随着超额收益率的持续增长，投资者资金较为充裕，投资者持股比率在第 3 期降低到谷底之后，转为激烈增长，之后缓慢下降后平稳增加。也就是说，给超额收益率一个正向冲击之后，持股比例也在逐渐优化。这一般是由于随着投资者投资经验的累积和投资收益的增长，对减仓和持股比率也在逐步优化，而给超额收益率一个正向冲击之后，给投资者行为一个负面冲击。也就是说，投资收益率越高，往往表明该投资者的理智投资行为越好。

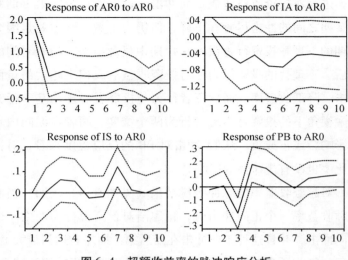

图 6-4　超额收益率的脉冲响应分析

　　从持股比率变量指标的脉冲响应结果（见图 6-5）来看：当给持股比率指标变量一个正向冲击时，会对超额收益率变量产生一个负向的冲击，并且在第 6 期左右达到负面作用最大值；当给持股比率指标变量一个正向冲击时，会对投资者行为变量产生一个长期稳定的正向冲击；当给持股比率指标变量一个正向冲击时，对投资者情绪变量产生由负转正再转负的长期稳定的影响。主要原因分析：当持股比率增长时，由于用于投资的资金额加大，可能促使投资者做出不理智的投资决策。

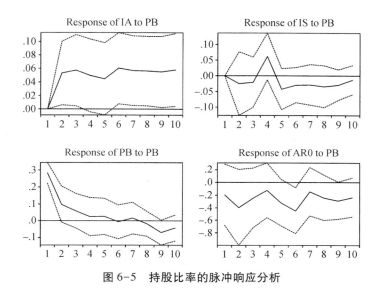

图 6-5　持股比率的脉冲响应分析

二、方差分解分析

　　为了进一步分析行为金融对投资收益的影响，研究基于前文建立的 VAR 模型对各变量指标进行方差分解分析。根据方差分解分析结果看，超额投资收益率的变动主要是由自身变动引起的，第 1 期和第 2 期对自身的解释变动程度在 80% 以上，随着期数的推进，行为金融视域下投资者不理智行为和投资者情绪对超额收益率的影响程度愈发明显，到第 10 期，投资者情绪对超额收益率的影响高达 14%；而投资者行为对超额收益率的解释程度高达 3%。持股比率的变动对自身的解释程度稳步下降，到第 10 期，对自身的解释程度由期初的 89.76% 下降至 41%。投资者行为对持股比率的解释程度稳定在 5%～9%，而超额收益率对持股比率的解释程度则由期初的 1% 上升至期末的 42%，这主要是由于持股比率直接影响投资收益率。具体如表 6-9、图 6-6 所示。

表 6-9　变量之间方差分析

Variance Decomposition of IA：

Period	S. E.	IA	IS	PB	AR0
1	0. 123 347	100. 000 0	0. 000 000	0. 000 000	0. 000 000
2	0. 160 415	75. 892 92	3. 516 840	11. 017 31	9. 572 937
3	0. 188 543	54. 938 80	6. 649 290	17. 210 47	21. 201 44
4	0. 210 340	44. 307 99	11. 950 49	19. 369 31	24. 372 21
5	0. 232 517	38. 245 47	10. 901 52	19. 552 77	31. 300 24
6	0. 254 623	32. 474 28	10. 052 42	21. 931 05	35. 542 25
7	0. 268 152	29. 450 25	10. 644 72	24. 265 35	35. 639 68
8	0. 281 731	26. 930 50	11. 660 66	25. 969 75	35. 439 09
9	0. 295 462	24. 974 04	12. 413 26	27. 071 16	35. 541 54
10	0. 307 779	23. 143 69	12. 605 98	28. 494 60	35. 755 72

Variance Decomposition of IS：

Period	S. E.	IA	IS	PB	AR0
1	0. 287 949	0. 005 386	99. 994 61	0. 000 000	0. 000 000
2	0. 295 733	2. 325 989	96. 559 75	0. 695 753	0. 418 505
3	0. 303 746	2. 674 341	91. 563 23	1. 104 618	4. 657 807
4	0. 317 608	2. 743 099	83. 798 89	4. 807 536	8. 650 477
5	0. 321 994	2. 792 415	81. 845 91	6. 406 581	8. 955 094
6	0. 326 929	4. 493 888	79. 607 45	7. 022 798	8. 875 861
7	0. 351 425	3. 891 390	68. 896 42	6. 736 479	20. 475 71
8	0. 353 878	3. 959 150	68. 073 97	7. 583 062	20. 383 82
9	0. 355 118	3. 939 487	67. 610 52	8. 205 536	20. 244 46
10	0. 359 179	3. 979 406	67. 039 25	8. 144 868	20. 836 47

表6-9(续)

Variance Decomposition of PB:

Period	S. E.	IA	IS	PB	AR0
1	0. 299 320	6. 650 478	3. 587 298	89. 762 22	0. 000 000
2	0. 320 351	8. 918 109	3. 187 591	87. 716 05	0. 178 246
3	0. 382 511	6. 947 354	5. 388 082	63. 924 61	23. 739 95
4	0. 422 602	5. 692 511	5. 862 578	52. 708 06	35. 736 85
5	0. 451 966	5. 882 425	6. 995 598	46. 421 63	40. 700 34
6	0. 462 376	5. 620 905	10. 653 12	44. 371 05	39. 354 92
7	0. 463 367	5. 873 470	10. 617 95	44. 308 34	39. 200 24
8	0. 474 592	6. 523 678	10. 693 26	42. 370 05	40. 413 01
9	0. 488 692	6. 733 595	10. 154 05	42. 000 37	41. 111 98
10	0. 498 857	6. 471 401	9. 748 723	41. 009 40	42. 770 48

Variance Decomposition of AR0:

Period	S. E.	IA	IS	PB	AR0
1	1. 690 063	0. 489 889	8. 308 334	1. 327 037	89. 874 74
2	1. 764 088	2. 360 603	7. 659 057	6. 282 947	83. 697 39
3	1. 838 670	2. 398 779	11. 053 73	7. 623 965	78. 923 53
4	1. 910 299	2. 735 907	13. 365 95	7. 489 754	76. 408 39
5	1. 987 677	3. 364 598	14. 383 59	9. 563 210	72. 688 60
6	2. 063 292	3. 218 090	14. 124 69	13. 605 57	69. 051 65
7	2. 128 786	3. 028 173	13. 834 10	13. 254 06	69. 883 67
8	2. 171 632	2. 943 720	13. 846 19	13. 985 58	69. 224 51
9	2. 201 553	3. 127 646	14. 193 44	15. 322 81	67. 356 11
10	2. 242 865	3. 040 256	14. 322 53	15. 878 90	66. 758 31

Cholesky Ordering: IA IS PB AR0

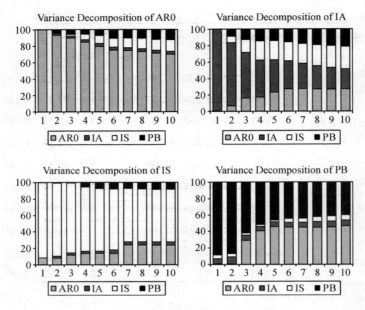

图 6-6　行为金融对投资收益的方差分解

第六节　实证分析结论

在数据足够的情况下，长期投资者情绪是股票收益的格兰杰原因的显著水平大于短期投资者情绪是创业板股票价格的格兰杰原因的显著水平。这说明在实际中，人们对长期的股市预测往往比短期的预测准，因为对短期的股市预测很容易受到外部因素的冲击而出现预测不准的情况。对于长期来说，股市即使受到外部因素冲击，会出现短暂的冲击，但还是会慢慢地回归正常的走势。

从上述研究可见，行为金融在对持股比率和投资收益方面确实存在长期稳定的持续性影响。尽管影响比例并没有非常大，但不可否认，在对持股比率的解释程度中，投资者情绪保持在 3%~11%；投资者行为则稳定保持在 5%~8%。在对投资收益的解释程度中，投资者情绪保持在 8%~15%；投资者行为则稳定保持在 2%~3%。

第七章　基于行为金融的
　　　　风险投资组合选择

　　上文实证分析结果显示，行为金融在对持股比率和投资收益方面确实存在长期稳定的影响。在对持股比率的解释程度中，投资者情绪保持在 3% ~ 11%；投资者行为则稳定保持在 5% ~ 8%。在对投资收益的解释程度中，投资者情绪保持在 8% ~ 15%；投资者行为则稳定保持在 2% ~ 3%。基于此，投资者应通过分析个股交易量、换手率、市盈率等股票市场投资技术指标，针对不同投资时段分别提出短期投资策略和中长期投资策略。

第一节　股票市场投资技术指标

　　股市是否存在非理性泡沫从而呈现出非理性繁荣的状态，可以从股市的各项指标，如股指的疯狂上涨、巨大的交易量和交易额、较高的换手率和市盈率及大量的新增开户数中看出。

一、上证指数

（一）长期趋势波动性分析

上证指数长期趋势如表7-1所示：

表7-1　上证指数长期趋势统计表

	牛市	熊市	水平
数量	4	4	1
总时长	1 499	1 578	242
平均时长	374.75	394.50	242
最大时长	577	942	242
最小时长	190	155	242
平均涨跌幅/%	203.983	−56.229	8.698
最大涨跌幅/%	513.49	−72.81	8.70
最小涨跌幅/%	35.96	−46.82	8.70

通过对表7-1的分析，可以得出以下结论：

1. 行情概述

自2005年6月6日到2019年1月4日，上证指数经历了九个长期趋势，其中一次水平行情时间为1年。上升趋势和下降趋势各4个，构成了共4轮牛熊转换行情，分别经历3.3年、4.5年、1.6年和2.9年，平均每轮牛熊行情经历3.08年。

2. 行情具有一定的对称性

（1）空间的对称性表现为"涨得越高，跌得越深"。我们通过一定数据转换，把涨幅与跌幅数据做成散点图，可以看出涨幅与跌幅基本处于直线上，这就说明市场行情"涨得越高，跌得越深"的规律。

（2）时间的对称性表现为"涨的时间和跌的时间基本相等"。通过简单的统计，发现在四轮牛熊行情中，涨的时间总时间是 1 499 个交易日，跌的时间是 1 578 个交易日，牛市平均时长为 374.75 天，熊市平均时长为 394.50 天，基本相等。

3. 行情具有一定的周期性

把日均涨跌幅和行情时长数据经过简单处理，发现行情节奏明显具有一定的周期性。另外也可以看出行情的斜率与时长成反比。即涨跌越急的行情，持续性越差。

（二）中期趋势波动性分析

1. 数量分析

从数量分析中可以发现几个规律：一是趋势分布的平衡性，不管是上升趋势和下降趋势，还是牛市和熊市，数量都差不多。二是在牛市当中，下降趋势和水平趋势都是调整趋势，熊市的上升趋势和水平趋势是调整趋势。可以看出牛市以水平趋势进行调整的数量要比熊市多。

2. 时长分析

（1）上升中期趋势平均时长为 43 天，主要集中在 30~60 天，有 72.1%的几率分布在此区间，而小于 30 天的几率是 11.6%，超过 60 天的几率是 16.3%。

（2）下降中期趋势平均时长为 39 天，主要集中在 50 天以内，几率是 75.0%，而超过 50 天的几率为 25%。另外，存在两个超过 150 天的超长时长下降趋势。

3. 涨跌幅分析

（1）上升中期趋势的平均涨幅为 26.24%，主要集中在

30%以内，几率是79.4%。另外，还有21.6%的几率的中期上升趋势涨幅超过40%，甚至有4次的涨幅超过80%。

（2）上升中期趋势的平均跌幅为-18.22%，主要集中在-40%以内，几率是96.9%。

（3）通过比较可以看出，上升中期趋势的涨幅更加分散，存在"厚尾"的特征，而下降中期趋势的跌幅更加集中。

4. 牛市与熊市中期趋势比较分析

（1）牛市中上升中期趋势是主流中期趋势，而下降中期趋势是调整趋势。不管是数量、时长和涨跌幅，上升趋势都比下降趋势占优势。

（2）熊市中的下降中期趋势是主流中期趋势，上升趋势是调整趋势。不管是数量、时长和涨跌幅，下降趋势都比上升趋势占优势。

（3）牛市的上升趋势与下降趋势的差距比熊市的下降趋势与上升趋势的差距更加明显。例如牛市的上升趋势平均涨幅是34.26%，下降趋势平均跌幅为-9.55%，熊市的下降趋势平均涨幅是-22.77%，上升趋势平均跌幅为17.20%。这个结果告诉我们，在牛市中，不要轻易卖出，否则很容易踏空。而在熊市中，如果能够踏准行情的节奏，抢反弹的收益还是可观的。

（4）熊市中期趋势的日均涨跌幅都比牛市中期趋势的日均涨跌幅要大。说明牛市更多的是平稳的上涨过程，而熊市更多表现为急涨急跌。

二、交易量与交易额的表现

从上证指数成分股的成交量及成交额看，在指数暴涨阶段，成交量和成交额也急剧上升，是低迷时期的数倍以上，可见在股市上涨阶段，投资者炒股的热情也持续高涨甚至有些疯狂。待股市暴跌，成交量迅速萎靡，成交额也处于急降状态。成交量及成交额的急涨急落，表明了股市在稳步走向牛市行情的路上并没有积累足够多的资金基础，一旦股市稍微呈现出小幅下跌或者震荡调整，就有无数的资金撤出股市，大多投资者仍是抱着投机的心理参与股市投资，这并不能带来股市持续稳定的繁荣。

（1）整体来看（见表7-2），2019年两市成交较2018年复苏明显。Choice数据库（不含当年上市新股）显示，去年A股的成交金额为121.60万亿元，而2018年度A股成交金额合计为85.50万亿元，同比增长42.22%。

表7-2　2019年A股各版块（不含当年上市新股）成交额

版块	2018年成交额/万亿	2019年成交额/万亿	成交额同比增长幅度/%	成交额/总市值同比增长/%
上交所风险警示板	0.75	0.78	4.18	98.04
上交所主板	37.01	50.12	35.44	65.19
深交所创业板	14.72	21.90	48.76	88.59
深交所风险警示板	1.25	1.04	-16.38	103.53
深交所中小板	18.73	29.40	56.97	127.42
深交所主板	13.04	18.35	40.71	103.22

数据来源：牛牛金融研究中心。

（2）将成交金额分类后发现，大部分公司日均成交金额位于 5 000 万~3 亿元，日均成交金额在 500 万元以下的公司从 2018 年的 4 家减少至 2 家，500 万~1 000 万元的也从 41 家减少至 10 家，而 10 亿元以上的则从 29 家增长至 45 家，A 股流动性好转明显。

（3）在各行业成交金额变动情况方面，其他电气设备、消费电子设备和畜牧业分别增长 369.54％，248.43％和 234.65％，排名前三，而房地产服务、体育和钢铁去年成交金额有所下滑，分别同比减少 16.00％，17.37％和 30.19％；按照企业性质，对 A 股成交金额变动情况分析后发现，去年全年民营企业成交最高达 66.40 万亿元，其次为地方国企和央企，分别为 26.22 万亿元和 20.43 万亿元，但从增长情况来看，集体企业、中外合资经营企业增长作为明显；各省份方面，湖北、江苏和黑龙江成为去年成交资金增长最高的省份，而青海、海南却有所下降。剔除市值影响后，宁夏、黑龙江和湖北成交情况好转最明显。如图 7-1 所示。

（4）收入方面，30 亿~100 亿元年收入的上市公司成交金额占比最高。剔除市值影响后发现，10 亿~30 亿元上市公司成交金额增长最大，为 129.48％，其次为 5 亿~10 亿元和 30 亿~100 亿元。净利润方面，年赚 1 亿~5 亿元的上市公司成交金额最高为 33.89 万亿元，几乎是排名第二的 5 亿~10 亿元成交总金额的 2 倍。增长情况方面，3 000 万元以下净利润上市公司成交金额增幅最大，为 174.93％，其次为 5 亿~10 亿元和 1 亿~5 亿元，分别为 68.73％和 34.05％。剔除市值影响后可以发现，净利润在 10 亿以下的公司成交金额都有翻倍增长；市盈率方面，2019 年对亏损公司及高市盈率的炒

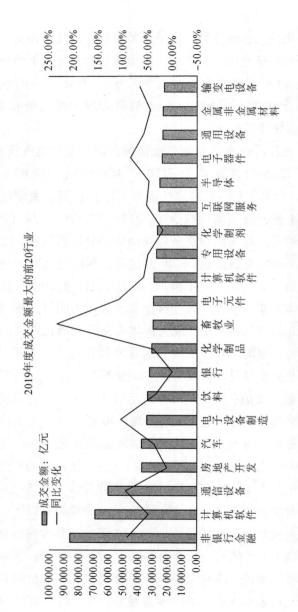

图 7-1　2019 年 A 股成交金额不同行业分布

　基于行为金融的 A 股投资策略研究

作又增加了，剔除市值影响后，PE 在 100 以上和 PE 为负值的成交金额增长最明显。

（5）对不同市值规模的成交金额统计后显示，10 亿~30 亿元公司成交金额占比提升最明显，从 2018 年的 5.08% 增加至去年的 14.36%；其次是 30 亿~50 亿元市值规模的公司，占比从 10.90% 上升到 16.23%；而 100 亿元市值以上公司成交金额占比都有不同程度的下降。如图 7-2 所示：

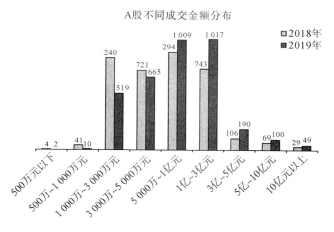

图 7-2　A 股不同成交金额分布

三、换手率的大小

换手率指在某个时间段内股票市场中股票转手交易买卖的频率。其数值是股票在这段时间内的成交量除以其发行总股数。国内一般用成交量与流通股本的比率来衡量该指标。这个值越高，说明这只股票在市场的买卖表现越活跃，市场参与者也给予了较多的关注。但也暗示了这只股票流动性较大，每个投资者不会持有太长时期，是短线资金交易者喜欢的有话题性的股票，表现出较明显的投机性。

从 2006—2019 年我国沪深股市的年换手率，可以看出我国的换手率一直居高不下，在其他发达国家换手率一般为 30%~40% 的情况下，我国沪深的平均换手率在 2014 年年底高达 200%，且仍在上升中。对比 2008 年"股灾"发生前后时股市的年换手率，可以发现 2015 年的换手率已经达到 2007 年股市疯狂上涨时的水平。疯狂的换手率最终导致 2015 年 5 月底股市指数的一泻千里。

由于中国股市存在较多的散户，随着行情的转好，更多投机者入市，此时过高的换手率就意味着股市中存在着较多的投机者而非投资者，股市的上涨行情可能是由这些投机者的投机行为导致，而缺乏真正的投资。

四、市盈率的大小

市盈率等于一个考察期内股票每股价格与每股收益的比值，是用来衡量股票是否具有投资价值的一个动态指标。从投资价值的角度来说，市盈率指标可看成资金进行投资的回收期，某只股票具有高市盈率意味着其市场价格偏离收益的程度较高，则资金投资的回收期就会越长，这只股票的投资价值越小[①]。因此，通过市盈率，可观察某只股票是被高估或者低估，股票市盈率过高意味着这只股票价值被严重高估，

---

① 方堃. 基于行为金融视角下的证券投资分析 [J]. 中国论，2016（36）：25-26.

股票的价格含有泡沫成分。著名投资人巴菲特也认为盲目买入过高市盈率的蓝筹股完全是一种投机行为。因此，市盈率在一定程度上可以说明股市的投资行为是否理性。现在学术界认为，若市盈率在 0~13，可认为该股票的价值被低估了；在 14~20 则认为股票价值处于正常水平；若在 21~28，则认为高估了该股票的价值；若超过 28，则股市可能已经出现投机性泡沫了。结合全球各个股市的市盈率水平及其资本市场发展情况，如资本市场发展成熟的美国平均市盈率一般保持在 20 倍以内的水平，因此认为 20 倍的市盈率是较合理的水平。但市盈率水平的高低与国家所处的经济增长阶段也有关系，合理的市盈率水平并没有一定的准则，判断个股的市盈率水平是否合理，可以参照同业的市盈率；判断类股或大盘，则可以参照历史平均市盈率。

五、新增投资者开户数

股市 2013—2015 年上涨行情的非理性也可从股市新增投资者数中看出一二。沪深新增投资账户数在 2014 年 12 月开始出现明显的增长，而在 2015 年 2 月便以极快的增长速度急速攀升，至 4 月份沪深每周新增账户数涨至 200 万户上下，6 月份投资者数量高达 160 万人。但继续深入分析，可以看到在股市第一波上涨调整即 2015 年年初时新增投资者账户数下降幅度并不会很大，股市第二波上涨行情时投资者数量暴涨 10 倍不止，而行情稍有调整如 2015 年 5 月，投资者数量便又急剧下降。待股市大跌，新增投资者数量又恢复到之前股市较为低迷时的水平。新增投资者数量随上涨行情暴涨，却在下跌时也急速下降，表明在股市行情较好时新进入股市的投资者多被行情吸引而存在投机心理，即在股市中套现而非投资。股市行情见好，投资者增多本是政策现象，但若新增投资者数量过多，股市行情受投资者心理影响也较大，多数中国股民没有接受投资教育，在大涨大跌的行情下很容易造成跟风现象，致使股市行情继续向更疯狂或更恶劣的方向发展。新增投资者的暴涨，在某种程度上体现了此次股市投资中非理性的股市交易者造成的非理性上涨[①]。

从 2015 年股指疯狂的上涨走势、巨额成交额、过高的市盈率与换手率、暴涨的新增投资者数量等这些指标的表现，可以看出虚拟经济的非理性膨胀与实体经济的转型发展已经出现了背离。与此同时，股票市场中还存在着较多的投机者，这些都在说明此轮股市行情到最后已经演变为非理性的上涨行为。在对股市的各个指标进行分析后，为更准确地分析股市的非理性上涨及非理性泡沫的存在，下文将定量对股市非理性泡沫的大小进行测量。

第二节　不同投资时段的投资策略

一、短期投资策略

短期股票投资是投资期限在一年以内的股票投资。短期

---

① 林琛. 基于行为金融视角下的证券投资研究 [J]. 现代经济信息，2018（13）：326.

股票投资的目的，一方面是为了处理现金长余，把非营利资产转化为营利资产，或者把营利水平较低的资产转化为营利水平较高的资产，获得高额收益；另一方面是为了保持资产的流动性，以降低现金短缺的风险。可见，短期股票投资的目的，简单来讲就是在获得投资收益的同时，保持资产的流动性。

短线，最重要的是不贪心，最大可能地规避风险，按风险比例分配资金，多不过五，少不过三。规避风险的方法：第一，尾盘买进，这样可以最大程度地规避掉系统性风险，不会因为想卖而卖不出去亏损；第二，上午买一点股票试盘，比如有看好的股票少买一点，如果在尾盘挣了就加仓，不挣绝不加仓。

短线炒股可以根据盘口以下几点去选择个股：

（1）买入量较小，卖出量特大，股价不下跌的股票。此类股票随时可能大幅上涨，脱离庄家的成本价位。

（2）买入量、卖出量均较小，股价轻微上涨。

（3）放量突破最高价等上档重要趋势线的股票。

（4）头天放巨量上涨，第二天仍强势上涨的股票。

（5）大盘横盘时微涨，大盘下行时却加强涨势的股票。

（6）遇个股利空且放量而不跌的股票。

（7）有规律且长时间小幅上涨的股票。

（8）无量大幅急跌的股票是超短线好股票。

（9）送红股除权后又上涨的股票。

短期投资策略的前提是止盈止损，持仓时间和周期只与止盈止损点有关。大多数情况下持股周期较短，属于超短线投机交易；在个股选择上面，只选择前期热门的个股对信息进行处理，找出信息空间效应，不交易没有业绩和题材支撑的、大市值的冷门股；强势股也选择前期涨幅超过30%，成交量有所放大，放大倍数在超过前期平均成交量3~5倍以上获利率较高的。盈亏比是止盈15%，止损5%，动态盈亏比保持在1：3~1：4。在交易策略上，有以下几种方法可以参考：

（1）底部买入法。①盘面特征：成交量在不断放出，超过了前期的成交量；个股经历了长期的下跌；有题材和事件驱动因素；以连续涨停板强势抬升。②基本原理：一波大幅度下跌之后，市场有修正的趋势，这种修正是与前期下跌幅度呈正比的，底部区间是必然存在的；成交量放大，说明买盘在逐渐加入，市场正在不断回暖；涨停板说明市场短期有买盘强势表现；事件驱动增加了其反转的几率。

（2）旗形买入法。①盘面特征：前期已经上涨一波，周线级别涨幅超过30%，改变了前期的基本趋势。次级调整已经完成一波，支撑位确认，第二个支撑位比第一个支撑位高。调整之后的反弹幅度超过了前期下跌的一半左右，反弹较为强劲。②基本原理：一波上涨之后面临调整，调整幅度和空间不定。调整之后的反弹不能太少，太少标志着多方很弱势，后期创新低是大概率。反弹之后的调整在消耗空方的力量，没有创出新低，说明多方有条件扭转局面。

（3）跌破横盘区间买入法。①盘面特征：前期有一波上涨，并有一波行情整理，调整出现横盘区间。跌破前期横盘，破位下跌，下跌之后的低点没有破前面的最低点，反弹幅度站上了 20 日均线，后期又有一波调整之后站稳 20 日均线。②基本原理：市场跌破前期区间，说明空头力量很强，多方在找寻支撑点，未能跌破前期上涨的起点，说明趋势还在，多方力量还在；反弹站稳 20 日均线说明市场力量已经有所回升，在空方压制下，能在后期站稳 20 日均线，说明多方力量比较强。前面三种方法是基于多空力量的对比，在多空力量区间得到的。我们可以把它称为能量法则。

（4）95%获利筹码买入法。①盘面特征：筹码获利达到95%。前期经过长期的横盘，时间越长越好。放出成交量，成交量超过前期均量。②基本原理：横盘时间越长，筹码越集中，后期一旦涨停板放量拉升，大量卖盘不会在短期内加入。95的筹码获利，说明解套抛压不重。横盘区间已经让筹码集中在横盘区域，提升了整个股票的持仓成本。

二、中长期投资策略

短线对投资者的技术和素质要求极高，可以说多数中小投资者都不适合做短线。一般短线成功率达到 70%左右的投资者，他们的投资收益往往也只是略有盈利或持平，亏损一不小心就会将盈利抹去①。这在证券市场上是一个普遍现象。而多数中小投资者，往往达不到 70%左右的短线成功率。相对而言，中线投资和长线投资可能要简单得多，胜算的概率也要大得多。

---

① 孙凌芸，张金林. 投资者情绪与股票市场收益的相关性研究：基于多重分形分析方法［J］. 金融评论，2017（5）：122.

中长期股票投资是投资期限在一年以上的股票投资。趋势价值判断则是做中长期行情的核心要素之一。中长期注重公司的发展能力，尤其侧重上市公司的各项经济指标逐年向好的方向发展，投资者可以在柱状图里看到不断向上抬高的连接线，在市场资金没有完全关注这个现象的时候，这些个股的技术趋势可能还在做无趋势的箱体震荡，但是这个情况迟早会被大资金关注，并吸引到更多的资金流入。那么，这样的股票，资金趋势也开始向上发展，必然带动个股的技术趋势提高。可见，价值趋势不仅可以帮助我们提早发现个股的投资机会，也能够先于技术趋势恶化之前，帮助我们回避技术趋势的杀跌风险。价值趋势主导资金趋势，主导技术趋势。

趋势投资理念是在行为金融学的理论基础上发展起来的，认为股票的价格趋势或企业成长的趋势在一段时间内可以延续，股价对这些趋势反应不足。趋势投资主要采用两种趋势指标，即企业盈利增长趋势和股票价格趋势。股票的估值与股价的变动具有反射性关系，两者会相互影响，借助趋势信号结合估值分析才能更好地选股和投资。按照索罗斯的反射理论，下跌的趋势会经过这样几个阶段：

第一阶段，绝大部分投资者没有认识到趋势的逆转，尽管多头的势力已经衰竭，但是一次一次的反弹造成投资者的误解，以为原来的趋势还会持续，但是，这种不断反复下跌的趋势本身形成一种反射的力量，造成趋势的反转。第二阶段，绝大部分人通过反射的思维加强了下跌的趋势，因此采取顺应趋势的操作，暴跌就是这样发生的。第三阶段，就是趋势的末端，多数人还按原来的趋势思维，但是，一些积极的因素已经开始介入市场，只是绝大多数人不能审视这些因素，这就是趋势逆转的阶段。接下来，就进入到上升的趋势中，只有到靠反射加强上升的趋势时，多数人才能参与到上升的运动。

纯正的趋势投资者应该具备理解趋势的能力，把握趋势过渡的节奏，及时分析并解读趋势变化，从重要的节点体现对趋势的预判能力，从趋势的中间地带成为趋势的顺应者。而预判趋势具有一定难度，应该在证券市场基本要素和技术层面建立深入的理解。从操作来看，要求用科学以及多元化的方式来应对市场波动。对趋势的预判首先应该理解市场的基本面，深入解读市场的特征以及变化。而优秀的趋势投资者，要进一步了解市场资金的倾向和未来趋势的核心板块甚至个股。从下跌的趋势尾部采取买入交易是实现超额利润的重点。从个股选择来看，一般有两种股票优先考虑，首先是前提处在下跌阶段的小盘股，有优秀的基本面，企业存在显著的特点，例如有技术壁垒或者细分市场龙头。这一系列股票在下跌过程中逐渐挤压了泡沫，小盘股高成长，具备长期持有的价值。其次，在趋势尾部上市的新股，具备优秀的基本面，开盘价格合理，市场影响力较大，以上两种股票即便在震荡的市场中也有更稳定的表现。

第八章　结束语：股市的哲学

　　哲学家认为，事物是不断发展的，在曲折的发展中迈向光明的未来。由于经济发展，金融市场里呈现出大量传统金融论难以解读的现象，比如跌价卖出的交易行为。在这一情况下，行为金融学便逐渐迎来契机。行为金融学突破了传统金融学的范畴，给金融理论发展实现了创新，不过因为行为金融固有的局限性，难以撼动传统金融学的市场影响力。后续的市场不断发展，或许行为金融学可以参考传统金融学进行自我优化，从中研究出更为完善的金融理论；也或许行为金融跟传统金融彼此结合，共同进步。综合来看，金融学和心理学的相关性会进一步得到加强。

第一节　行为金融的意义

　　行为金融的出现让经济学家更为关注人的非理性行为，强调人的心理特征，觉得股市并非"死物"，而将其视作具备主观性的"活物"。将人的心理特征和行为当成经济活动的前提，在传统金融论中进行反思，修正传统金融论的错误是行为金融最重要的意义。即便行为金融学给经济发展带来了全新的思路，但因为其发展经验不足，局限性明显。行为金融利用心理现象解读了股市长期的发展，同时利用长期的发展总结了部分心理现象对股市的影响，但尚未系统性地表明如何规避对投资具有消极影响的心理。简单来看，行为金融学缺乏处理问题的必要方式。另外，行为金融学的研究体系和范式不足，其重点分析的心理特点由于各种要素的影响难以把控。基于此，构建独立的研究体系具有一定难度。另外，行为金融学的理论同样存在彼此矛盾的地方，比如，其否定了有效市场，不过因为行为金融学持续解释了市场的异常现象，市场反而有效了。

第二节　当今的 A 股

国内投资者对于 2019 年的印象十分深刻，有大量的投资者产生了关于"牛市"的疑问，牛市是否降临等问题引起了投资者的关注，而其中最应该思索的问题在于牛市的三种姿态。简单而言，牛市主要涉及三种类型。首先是长期牛市。在这一情况下，牛市的持续周期较久，市场的上涨趋势缓慢但稳定。从全球股市来看，符合这一特征的包括 2009 年过后的美股，持续处在上涨的过程中，几乎每一次调整均提供了再次跟从趋势的契机。这体现了徐一钉先生提到的观点，即牛市不下车。另一种角度来看，若已经确认了长期牛市的局面，则应该坚决保持仓位，同时要把握任何回调的契机。这一观念有一定的根据，不过仍需要慎重考虑市场的局面是否能够佐证长期牛市的观点。第二类属于疯牛市，最为典型的包括 2015 年的牛市，整个牛市的运行周期较短，上涨和下跌都十分迅速，并且下跌分为几波，让市场中的投资者受损严重。其影响直到 2018 年年初才逐渐放缓。大量的人遭遇这一波牛市后都有所亏损。之后由于国家对场外配资进行了约束，类似的市场局面或将很难出现，尤其是对理性的投资者而言有积极影响。第三类属于结构性牛市。例如 2019 年春节期间，短暂的牛市行情十分强烈，但上涨幅度和剧烈程度并未如 2015 年一样疯狂，赚钱效应更好，不过后续的调整同样对投资者是一种考验，无法把握节奏的投资者也容易亏损。

就当前情况而言，陆续出现的牛市，均为小牛市，而并非更多人提到的大牛市或者长期牛市，最核心的问题在于其形势缺乏。不过良好的操作仍有获利空间，期望投资者能够重点把握，而能否发展成长期牛市，2020—2021 年的情况是重点。跟牛市相关的第二个问题在于牛市的具体迹象。从另一种角度来看，即怎样掌握投资契机十分关键。因为市场能量尚未满足大牛市的要求，无法维持全方位的上涨，导致参与市场的时机成为最关键的问题，把握不好参与的时间点则或许会陷入"坐电梯"困境里。

从牛市回归的角度来看，通常而言，一般是在投资者对于股市的热情十分冷淡的阶段里，牛市慢慢形成。这一阶段，没有很多人会提起股市，就算有投资者提到相关话题，多数人也缺乏继续谈论的兴趣，甚至心不在焉。

市场中有一种十分典型的案例，例如，某只股票在上涨之后急速下跌，最初的投资者会期望能够反弹挽回一些损失，而后在临界点，即股票跌到最低点附近的时候，投资者决定止损，结果最终股票直接逆势上涨，投资者懊恼不已，而个股和牛市均会出现以上局面。

从早期表现良好的牛股来看，最初的特征一般是行情冷淡，甚至在市场当中基本没有影响力，并未有投资者对其特别关注。不过有许多个股却在这一状态下突然上涨，涨幅多的个股有 5～10 倍的涨幅。而剧烈上涨的背后，是一群没有及时入场的投资者懊恼的身影。若这些投资者并未由于别的投资机会而放弃，或者没有因为持续的下跌而抛售，或许自己也能够收获超额利润。不过从客观来看，这样的可能性很小。类似的现象在部分曾经火热的板块以及个股当中屡见不鲜。综合来看，2019 年的股市在趋势上相对稳定，特别是2019 年 8 月之后的一波回升，涨幅趋于温和，调整中相对平静，板块处在轮动当中，个股表现更为活跃，基本符合了结构性牛市的特点，若可以长期维持，牛市或将再次出现。"市场的应该回归市场，而监管的则需回归监管。"在研究牛市的过程中，牛市或许悄无声息地来临，但出于投资者能力的制约，或者市场行情的不可控因素，投资者难以把握最佳投资契机，且市场资金量并非时刻充足，难以维持全方位的持续增长，所以大量投资者无法实现盈利或中断亏损，在上涨的过程中并未把握好机会，无法收获超额利润。不过，这正是市场良好的特征，过于疯狂的市场对应的是急剧增长的泡沫。例如 2015 年的牛市，对于投资者而言并没有体现出赚钱效应。客观来看，最佳行情应该是 2014 年下半年稳定增长的节奏，年均 10%～20% 的涨幅最具有吸引力。只有慢牛才可以长久，这也是长期牛市的基础，使市场当中具备耐心的投资者实现长期且稳定的利润。

从监管的角度来看，国内的监管机构近些年有明显的改善，有了更为清晰的责任和定位，明确自身的义务所在，这充分奠定了牛市的基础，印证了市场的回归市场，监管的归监管。从美股的牛市来看，便充分体现了这一理念，不过，政策和经济、技术的同步发展也尤为关键。值得欣慰的是，退市制度的落地对于国内市场的影响十分重要，预期在市场监管逐渐完善的过程中，部分不良企业的退市或者被打上 ST 将属于常态。若年均退市 30~50 家上市企业，牛市的特征会更加明显。对比来看，场外配资等杠杆的管理跟法律限制，在一定程度上隔绝了人为因素引起的非理性市场，这体现了监管的作用，更是稳定市场的基础。市场和监管的同步发展，为长期投资者创造了良好的条件，尤其是中年投资者群体，后续 20 年股市的发展，基本能够奠定退休的格局，后续长达 20 年的结构性牛市，基本能够给相关投资者出具最终的答案。

2015 年牛市主要呈现出下列三种特征，从中能够提取出一部分标的选择以及交易的方式。

1. 价值发现

回顾之前一年里涨幅剧烈的部分标的，一般前些年都处在长期被低估的状态，尤其是持续处在底部震荡的星期六、东方通信等，在市场中并未引起大量投资者的关注，甚至有部分已经购入这一系列股票的投资者不以为然。不过这部分股票反而在后期有引人注目的表现，出现了巨大的涨幅。客观而言，市场中的价值发现存在一些机遇性的因素，跟市场兴起的特征存在一定连续，但值得肯定的是，其的确处在相对合理的位置。

2. 国产替代

每个时代均有其特殊的机会，但机遇和挑战始终并存。在之前一年多的市场中，由于中美贸易的冲突，国产芯片、5G 等产业引起了关注，与之相关的股票也有亮眼的表现。在这一阶段当中，资金如果提前配置在这些领域将出现十分丰厚的回报，某种程度上，投资方向比努力更为关键，超额回报通常来源于部分新兴产业。在 2021 年，国产替代的现象仍将持续，5G 的商用将得到发展，与其相关的智能穿戴设备等产业体系，或将产生更多牛股，好似之前得到迅速发展的无线耳机。

3. 波段操作

从指数或者板块来看，由于资金量的限制，结构性牛市无法保持单方面的上涨，更多的情况下是伴随合理的回调，这就提供了调整投资组合的机会。基于此，若遇到正常的调整，要合理地应对，选择适当的时机参与其中，这是踏入结构性牛市的一种方法。而保持理性的投资思维和果断的执行能力，便可以享受后续的长期牛市。

总的来说，牛市和牛股的评判受认知和心理因素影响。认知是对目前的市场情况以及发展趋势的认知，而心理上则更多地涉及经验和修为。在投资领域来看，知行合一是值得崇尚的理念。

第三节　写给 2021 年股市投资者的 20 条建议

（1）每日自我反思，若我之前没有购入这只股票，在目前的状况下还会选择购买吗？拒绝非理性交易，忽略小道消息。

（2）体验过程，对未来充满期待，心态比技术更重要。

（3）旅途体验远重于抵达目的地的感受。利好出尽前及时抛售，过高的预期对应更大的风险。

（4）避免因为换股而出售股票。

（5）人能够在任何喜欢的地方停留。持股仓位同样如此，应该懂得踩刹车。

（6）人是群居动物，股市中的从众行为十分普遍，这便建立了顺势而为的前提。

（7）失败乃成功之母，错误不要紧，但应该懂得错误的根源。

（8）坐功强过做功。一个人的心态最能够从投资当中得到反映。

（9）保持本金不亏损是投资的第一原则，成功的交易者盈利次数不多，但盈利足以覆盖损失。

（10）股市里需要阶段性做涨，不过并非全部股票都能够长期持有，必须对内在价值有一定评估，投资于良好的趋势和有前景的行业。

（11）由于市场行情的影响，经济特别是金融产业的整改将进一步展开，部分存在欺诈现象的问题将得到综合整治，金融反腐也会持续进行，这都有利于奠定牛市的基础，也被视为评估市场健康发展的关键因素。

（12）拒绝任何虚假的欺诈信息，也不要参与炒币、炒期货等与赌博类似的交易。稳定投资或者购入合理的 ETF，同样可以实现不菲的收益。

（13）让交易成为本能，以理性的原则指导交易行为。

（14）交易本质上属于失败者的游戏，能够接受失败的人才有赢的资本。

（15）投资的关键在于情绪管理，交易过程中，任何情绪都没有必要，负面情绪是导致投资失败的重要因素。

（16）任何的伪装在投资中都无所遁形，人性的弱点在投资领域无不体现，投资好比人生的修行，从中应该学会总结经验，自我完善。

（17）投资非常重要，但身体是本钱，要保持健康的体魄，才有时间和资本去享受盈利的魅力。

（18）自律极其关键。生活里的投资者都对自己的人生有各自的战略，实施怎样的决策，遵循何种原则，应对困难采取何种方法等都很重要。创造奇迹是选择、积累以及执行的最终结果。

（19）股市十分复杂，投资者在股市里的亏损和生活中蒙受的损失有内在的联系。股市好比战场，让人性的弱点展露无遗，任何交易之前，都应该进行长期的研究和分析。

（20）安静的时间最为宝贵。所有人都要建立独立的空间，学会阅读和思考，与理性的人和事建立联系，不断提高自己的知识水平和修养。

参考文献

Alain Frugier, 2016. Returns, volatility and investor sentiment: Evidence from European stock markets [J]. Research in International Business and Finance.

Zhong-Xin Ni, Da-Zhong Wang, Wen-Jun Xue, 2015. Investor sentiment and its nonlinear effect on stock returns—New evidence from the Chinese stock market based on panel quantile regression model [J]. Economic Modelling.

Emily J. Huang, 2015. The Role of Institutional Investors And Individual Investors In Financial Markets: Evidence From Closed-End Funds [J]. Review of Financial Economics.

Dorsaf Ben Aissia, 2015. Home And Foreign Investor Sentiment And The Stock Returns [J]. Quarterly Review of Economics And Finance.

Mustafa Sayim, Hamid Rahman, 2015. An Examination of U. S. Institutional And Individual Investor Sentiment Effect On The Turkish Stock Market [J]. Global Finance Journal.

Hamburger, Michael J, Kochin, 1972. Money And Stock

Prices: The Channels of Influence [J]. Journal of Finance, 27 (2).

Umlauf Steven R, 1993. Transaction Taxes And The Behavior of The Swedish Stock Market [J]. North-Holland, 33 (2).

Rajen Mookerjee, Qiao Y, 1997. Macroeconomic Variables And Stock Prices In A Small Open Economy: The Case of Singapore [J]. Pacific Basin Finance Journal, 5 (3).

Field A J, 2008. Asset Exchanges And The Transactions Demand For Money [J]. American Economic Review, 74 (1).

L Pástor, P Veronesi, 2011. Uncertainty About Government Policy And Stock Prices [J]. Journal of Finance, 67 (4).

Goodell, John W, V H Maa, Sa Mi, 2013. Us Presidential Elections And Implied Volatility: The Role of Political Uncertainty [J]. Social Science Electronic Publishing, 37 (3).

Demirgü -Kunt A, Maksimovic V, 1996. Stock Market Development and Financing Choices of Firms [J]. TheWorldBankEconomicReview, 10 (2): 341-369.

Lee C M C, Shleifer A, Thaler R H, 1991. Investor sentiment and the closed-end fund puzzle [J]. The Journal of Finance, 46 (1): 75-109.

Kumar A, Lee C M C, 2006. Retail investor sentiment and return comovements [J]. The Journal of Finance, 61 (5): 2451-2486.

程信和, 2019. 经济法通则原论 [J]. 地方立法研究 (1).

王晓彦，石涛，2018. 机构投资者参与行为对我国股市波动性的影响 [J]. 金融理论探索（4）.

刘维奇，任禹铭，2018. 机构投资者噪声真的小吗？[J]. 投资研究（6）.

花冯涛，2018. 机构投资者如何影响公司特质风险：刺激还是抑制？：基于通径分析的经验证据 [J]. 上海财经大学学报（1）.

田娇，胡根华，2017. 证券市场非完全知情交易者是风险助推者吗？：基于 Kyle 模型的分析 [J]. 金融发展研究（11）.

高昊宇，杨晓光，叶彦艺，2017. 机构投资者对暴涨暴跌的抑制作用：基于中国市场的实证 [J]. 金融研究（2）.

刘志东，严冠，2016. 基于半鞅过程的中国股市随机波动、跳跃和微观结构噪声统计特征研究 [J]. 中国管理科学（5）.

曹丰，鲁冰，李争光，等，2015. 机构投资者降低了股价崩盘风险吗？[J]. 会计研究（11）.

鹿坪，田甜，姚海鑫，2015. 个人投资者情绪、机构投资者情绪与证券市场指数收益：基于 VAR 模型的实证分析 [J]. 上海金融（1）.

刘维奇，刘新新，2014. 个人和机构投资者情绪与股票收益：基于上证 A 股市场的研究 [J]. 管理科学学报（3）.

范德胜，2011. 金融发展与经济增长：中国的实证检验 [J]. 南京社会科学（1）：29-35.

何启志，彭明生，2017. 互联网金融、股票市场与中小

基于行为金融的 A 股投资策略研究

企业发展 [J]. 财政研究 (9).

文凤华，杨鑫，龚旭，等，2015. 金融危机背景下中美投资者情绪的传染性分析 [J]. 系统工程理论与实践，35 (3)：623-629.

金辉，2016. 互联网金融股票投资中的投资者"情绪黏性"[J]. 中国集体经济 (21)：88-89.

吕江林，2005. 我国的货币政策是否应对股价变动做出反应？[C]. 中国金融学会. 中国金融学会第八届优秀论文评选获奖论文集：312-323.

谢百三，2012. 中国股市十二大特点 [J]. 股市动态分析 (38)：82.

康军，2014. 政策调整对股票市场波动影响的实证检验 [J]. 统计与决策 (8)：152-154.

袁鲲，段军山，沈振宇，2014. 股权分置改革、监管战略与中国股市波动性突变 [J]. 金融研究 (6)：162-176.

陈海强，范云菲，2015. 融资融券交易制度对中国股市波动率的影响：基于面板数据政策评估方法的分析 [J]. 金融研究 (6)：159-172.

邹萍，2015. 货币政策、股票流动性与股票价格暴跌风险 [J]. 南方经济 (7).

贺立龙，黄夏平，朱方明，2017. 股市异常波动期政府买入式干预的长短期有效性研究 [J]. 华侨大学学报（哲学社会科学版）(1)：93-105.

齐岳，廖科智，2018. 政策因素、金融危机对中国股市波动性影响：基于 ICSS-GARCH 模型的分析 [J]. 系统工程, 36 (4)：12-20.

贾德奎, 李瑞海, 2018. 政策风险指数与中国股市波动 [J]. 金融论坛, 23 (5)：66-80.

刘俭峰, 2006. 股市波动中的宏观政策干预效应分析 [D]. 沈阳：辽宁大学.

史代敏, 2002. 股票市场波动的政策影响效应 [J]. 管理世界 (8)：11-15.

向诚, 陆静, 2018. 投资者有限关注、行业信息扩散与股票定价研究 [J]. 系统工程理论与实践, 38 (4).

何玉芬, 2017. 股票内在价值、投资者关注与企业价值 [J]. 财会通讯 (24).

胡昌生, 夏凡捷, 2016. 投资者关注度、冷门股效应与股票收益 [J]. 金融经济学研究, 31 (6).

田冰, 刘晓雪, 胡俞越, 2019. 投资者关注与沪深 300 股票指数及股指期货波动溢出效应的传导研究：基于百度指数作为投资者关注度指标的考量 [J]. 价格理论与实践 (1).

张静, 吴春贤, 2018. 产业政策会影响股票定价吗？：基于投资者关注视角的实证研究 [J]. 金融发展研究 (6).

丁慧, 吕长江, 陈运佳, 2018. 投资者信息能力：意见分歧与股价崩盘风险：来自社交媒体"上证 e 互动"的证据 [J]. 管理世界, 34 (9).

丁肖丽, 2018. 投资者情绪、意见分歧与股票错误定价：基于中国 A 股市场经验数据 [J]. 系统工程, 36 (3).

袁方，董涵卓，2016. 基于行为金融视角下的证券投资分析 [J]. 现代经济信息 (23).

陈聪，赵玉平，2016. 投资者情绪对股票价格影响综述 [J]. 天津商业大学学报，36 (6)：54-59，67.

王健俊，殷林森，叶文靖，2017. 投资者情绪、杠杆资金与股票价格：兼论 2015—2016 年股灾成因 [J]. 金融经济学研究，32 (1)：85-98.

刘维奇，刘新新，2014. 个人和机构投资者情绪与股票收益：基于上证 A 股市场的研究 [J]. 管理科学学报 (3).

巴曙松，朱虹，2016. 融资融券，投资者情绪与市场波动 [J]. 国际金融研究 (8).

王硕一，2019. 行为金融视角下的证券投资分析 [J]. 金融实视线 (4)：47.

李明钰，2018. 我国行为金融研究现状及问题分析 (10)：56.

赵辉，2018. 实中国房地产泡沫现象分析：基于行为金融学理论，[J]. 时代金融 (10)：243.

戴国良，2016. 网络行为金融大数据与中国证券市场的相关性研究 [J]. 金融理论与实践 (1)：6.

胡君一，2019. 基于行为金融视角下的证券投资分析 [J]. 中国市场 (33)：39-40.

王硕一，2019. 行为金融视角下的证券投资分析 [J]. 中国商论 (8)：47-48.

安永东，2005. 投机泡沫与投资者行为 [M]. 北京：商务印书馆.

罗伯特·J.希勒，2004.非理性繁荣［M］.北京：中国人民大学出版社.

董志勇，2009.行为金融学［M］.北京：北京大学出版社.

刘士宝，2018.基于行为金融的证券投资分析［J］.现代商业（20）：36-38.

韩柳，2018.从行为金融角度分析股票投资行为［J］.时代金融（5）：72-76.

黄顺武，等，2018.趋势识别、反转交易与超额收益［J］.财会通讯（6）：102-106.

肖竹，2014.证券市场中的羊群行为刍议：基于行为金融学的研究［J］.经济研究导刊，37（13）：142-145，198.

刘力，2007.信念、偏好与行为金融学［M］.北京：北京大学出版社.

饶育蕾，2010.行为金融学［M］.机械工业出版社.

王舒曼，2016.投资者情绪变动与股市收益率关系的实证研究［J］.商丘师范学院学报（2）：112-116.

方墈，2016.基于行为金融视角下的证券投资分析［J］.中国论（36）：25-26.

林琛，2018.基于行为金融视角下的证券投资研究［J］.现代经济信息（13）：326.

蒋健蓉，钱康宁，龚芳.中国证券投资者结构分析［A］.创新与发展：中国证券业2016年论文集［C］.2017.

蒋健蓉，谢云霞，袁宇泽，2020. 引导中长期资金进入资本市场和机构投资者培育研究 [J]. 清华金融评论（1）.

鹿波，2017. 基于国际比较的股市个人投资者投资模式的影响因素分析与政策建议 [J]. 海南金融（5）：13-22, 36.

李杰，肖其胜，2004. 论中国证券市场投资者结构缺陷 [J]. 市场论坛（2）：67-68.

王灵芝，杨朝军，张丹，2009. 投资者结构模式变迁与市场流动性风险 [J]. 上海管理科学（5）：40-43.

郭乃幸，杨朝军，龚霄，2014. 投资者结构对流动性黑洞的影响：来自中国 A 股市场的经验证据 [J]. 系统管理学报，23（1）：62-69.

李锦成，2017. 类私募证券型基金：投资者结构中被忽视的部分 [J]. 新金融（4）：33-38.

张德容，余攀，2018. 投资者情绪与沪深 300 指数波动的关系研究 [J]. 湖南工业大学学报（社会科学版）（6）.

蔡志刚，赖明明，2016. 中国股市投资者情绪指数构建与有效性检验 [J]. 金融发展研究（7）.

何平，吴添，姜磊，等，2014. 投资者情绪与个股波动关系的微观检验 [J]. 清华大学学报（自然科学版）（5）.

邓学斌，高鲜，2019. 我国 A 股市场投资者情绪是定价因子吗？[J]. 经济数学（3）.

谢永建，2019. 基于五因子模型的中国资本市场定价异象：来自流通企业的经验证据 [J]. 商业经济研究（11）.

赵胜民，刘笑天，2019. 引入投资者偏好的多因子模型：基于前景理论视角的分析［J］. 中国经济问题（2）.

孙策，姜徐宁，黄和亮，2019. Fama 五因子模型在中国证券市场有效性检验及改进研究［J］. 武夷学院学报（3）.

李岩，金德环，2018. 投资者情绪与股票收益关系的实证检验［J］. 统计与决策（15）.

尹莉娅，2018. 投资者情绪对股票收益影响的实证研究：基于 Fama-french 三因子模型［J］. 会计之友（6）.

黄彦菁，徐旭，2018. 基于投资者情绪的四因子模型实证研究［J］. 会计之友（1）.

李志冰，杨光艺，冯永昌，等，2017. Fama-French 五因子模型在中国股票市场的实证检验［J］. 金融研究（6）.

高春亭，周孝华，2016. 公司盈利、投资与资产定价：基于中国股市的实证［J］. 管理工程学报（4）.

陈守明，戴燚，2015. 高管团队职能背景多样性与企业创新产出间关系：创新关注的中介作用［J］. 科技进步与对策（18）.

黄祥芳，周伟，张立中，2015. 高管团队特征对企业社会责任的影响：基于农业上市公司的实证研究［J］. 内蒙古财经大学学报（2）.

朱大鹏，孙兰兰，2015. CFO 背景特征、高管激励与营运资金管理绩效［J］. 会计之友（5）.

蔡向辉，刘锋，2014. 股指期货宏观稳定作用的微观基础探究：基于沪深300指数期货抑制股市正反馈交易的实证检验［J］. 证券市场导报（12）.

陆剑清，贾良玉，章霈瑶，等，2016. 聚焦股市波动的新"常态"背后：投资者情绪溢出对股市波动的影响机制探析［J］. 上海商业（6）.

陆剑清，2018. 投资心理学［M］. 东北财经大学出版社.

饶育蕾，刘达锋，2003. 行为金融学［M］. 上海财经大学出版社.

张琦，郑瑶，孔东民，2019. 地区环境治理压力、高管经历与企业环保投资：一项基于《环境空气质量标准（2012）》的准自然实验［J］. 经济研究（6）.

赵珊珊，王素荣，陈晓晨，2019. 高管学术经历、企业异质性与企业创新［J］. 现代财经（天津财经大学学报）（5）.

林钟高，杨雨馨，2019. 年报风险提示信息影响审计意见类型吗？：来自高管任期周期性特征的经验证据［J］. 会计研究（3）.

吴晓晖，郭晓冬，乔政，2019. 机构投资者抱团与股价崩盘风险［J］. 中国工业经济（2）.

权小锋，醋卫华，徐星美，2019. 高管从军经历与公司盈余管理：军民融合发展战略的新考察［J］. 财贸经济（1）.

田祥宇，杜洋洋，李佩瑶，2018. 高管任期交错会影响企业创新投入吗？［J］. 会计研究（12）.

廖方楠，韩洪灵，陈丽蓉，2018. 高管从军经历提升了内部控制质量吗？：来自我国上市公司的经验证据［J］. 审计研究（6）.

丁慧，吕长江，陈运佳，2018. 投资者信息能力：意见分歧与股价崩盘风险：来自社交媒体"上证 e 互动"的证据 [J]. 管理世界（9）.

王玉荣，2005. 中国上市公司融资结构与公司绩效 [M]. 中国经济出版社.

李心丹，2004. 行为金融学 [M]. 上海三联书店.

闫忠志，2019. 媒体监督、管理层权力与企业非效率投资行为 [J]. 财会通讯（30）.

夏晗，2019. 高管海外背景对企业非效率投资影响的实证检验 [J]. 统计与决策（16）.

孙彤，袁利，沈小秀，2019. 媒体关注对企业非效率投资影响的实证 [J]. 统计与决策（15）.

洪金明，刘相儒，2018. 审计任期与股价崩盘风险的实证研究 [J]. 中国注册会计师（10）.

周爱民，遥远，2018. 真实盈余管理、监督压力与股价崩盘风险 [J]. 上海金融（7）.

姜付秀，蔡欣妮，朱冰，2018. 多个大股东与股价崩盘风险 [J]. 会计研究（1）.

孙淑伟，梁上坤，阮刚铭，等，2017. 高管减持、信息压制与股价崩盘风险 [J]. 金融研究（11）.

谢盛纹，陈黄悦，2017. 股价崩盘风险、审计意见与审计师变更：来自中国上市公司的经验证据 [J]. 现代财经（天津财经大学学报）（12）.

饶育蕾，刘达锋，2003. 行为金融学 [M]. 上海财经大学出版社.

潘敏，2002. 资本结构、金融契约与公司治理 [M]. 中国金融出版社.

卜君，孙光国，2018. 董事会秘书身份定位与职责履行：基于信息披露质量的经验证据 [J]. 会计研究（12）.

田璇，乔贵涛，刘金芹，2018. 共同审计师、审计行业专长与股价同步性：来自我国 A 股资本市场的经验证据 [J]. 财会月刊（22）.

刘飞，吕盼盼，张山，2018. 女性董事对公司股价同步性影响研究：基于中国 A 股上市公司的证据 [J]. 经济与管理（5）.

何贤杰，王孝钰，孙淑伟，等，2018. 网络新媒体信息披露的经济后果研究：基于股价同步性的视角 [J]. 管理科学学报（6）.

陈波，李欣，潘立生，等，2018. 内部控制、财务报告质量与股价同步性 [J]. 财会通讯（6）.

洪昀，李婷婷，姚靠华，2018. 融资融券、特质信息披露与股价同步性 [J]. 财会月刊（4）.

沈华玉，郭晓冬，吴晓晖，2017. 会计稳健性、信息透明度与股价同步性 [J]. 山西财经大学学报（12）.

吉星，梁晓俊，王浩天，等，2018. 投资者情绪对中证 500 指数波动的影响 [J]. 商业经济（6）.

李进芳，2018. 投资者情绪研究述评 [J]. 合作经济与

科技 (8).

董孝伍，2018. 基于投资者情绪的公司投融资行为研究进展 [J]. 经济师 (1).

孙凌芸，张金林，2017. 投资者情绪与股票市场收益的相关性研究：基于多重分形分析方法 [J]. 金融评论 (5).

汤晓冬，陈少华，2017. 投资者关注与过度投资及权益资本成本的中介效应 [J]. 商业研究 (8).

操君，袁振，王成山，2016. 投资者情绪、管理者过度自信与现金股利政策 [J]. 金融发展研究 (8).

黄世达，王镇，2015. 投资者情绪对资产价格的影响分析：基于中国股票市场的实证研究 [J]. 价格理论与实践 (11).

后记

　　有效市场假说认为：在投资市场中实施交易行为的主体均为理性投资人，若资本市场里的一些投资者处在不完全理性的状态，则其产生的决策跟交易方式具有随机性，各自的投资行为共同抵消，即便将在市场出现大规模的交易行为，但对资产定价不存在影响，最后资产的市场价格逐渐将回归到内在价值。从市场稳定发展的角度而言，对投资者行为展开全面的研究，同时制定应对措施在投资活动中实现有效的引导，这就属于行为金融的范畴。从金融市场发展来看，行为金融理论已经体现出关键的作用，对市场投资者非理智行为进行了很好的解释。本书正是以行为金融为理论进行指导，对 A 股市场投资者的投资行为和心理进行研究，研究结果在金融市场参与者的角度上，能够协助其充分配置资产，准确把握市场风险，在市场效率增长以及金融市场可持续发展的角度上发挥积极作用。

最后，谈谈本书的写作。本书的写作处在一个极具历史性的时段，2019年冬的新冠病毒疫情蔓延至今，尚在全球范围内肆虐。希望借着本书的写作告终，疫情也能画上句号。在本书的创作过程中，我越是深入学习，越能感受到这一学科知识的磅礴浩瀚和自己的渺小。非常感谢一路走来许多同事、领导、老师、亲友的无私帮助，让我能够在创作上有所收获，有所提高；感谢本书所检索的资料的提供者和原创作者，为本书的创作奠定了理论基础；感谢我的家人和朋友们，是你们的理解和支持让我顺利完成创作。

最后，向所有关心我、帮助我以及在本书创作和出版过程中付出辛劳的每一个人，致以最诚挚的感谢！